I0090575

TRANZLATY

La Langue est pour tout le Monde

Język jest dla każdego

Le Manifeste Communiste

Manifest Komunistyczny

Karl Marx
&
Friedrich Engels

Français / Polsku

Copyright © 2024 Tranzlaty
All rights reserved.
Published by Tranzlaty
ISBN: 978-1-80572-373-8
Original text by Karl Marx and Friedrich Engels
The Communist Manifesto
First published in 1848
www.tranzlaty.com

Introduction
Wprowadzenie

Un spectre hante l'Europe : le spectre du communisme
Widmo krąży nad Europą – widmo komunizmu

Toutes les puissances de la vieille Europe ont conclu une sainte alliance pour exorciser ce spectre
Wszystkie mocarstwa starej Europy zawarły święte przymierze, aby wypędzić to widmo

Le pape et le tsar, Metternich et Guizot, les radicaux français et les espions de la police allemande
Papież i car, Metternich i Guizot, francuscy radykałowie i niemieccy szpiedzy policyjni

Où est le parti dans l'opposition qui n'a pas été décrié comme communiste par ses adversaires au pouvoir ?
Gdzie jest partia opozycyjna, która nie została potępiona jako komunistyczna przez swoich przeciwników u władzy?

Où est l'opposition qui n'a pas rejeté le reproche de marque du communisme contre les partis d'opposition les plus avancés ?
Gdzie jest opozycja, która nie odrzuciła piętnującego hańby komunizmu przeciwko bardziej zaawansowanym partiom opozycyjnym?

Et où est le parti qui n'a pas porté l'accusation contre ses adversaires réactionnaires ?
A gdzież jest partia, która nie wysunęła oskarżenia przeciwko swoim reakcyjnym przeciwnikom?

Deux choses résultent de ce fait
Z tego faktu wynikają dwie rzeczy

I. Le communisme est déjà reconnu par toutes les puissances européennes comme étant lui-même une puissance
I. Komunizm jest już uznawany przez wszystkie mocarstwa europejskie za mocarstwo

II. Il est grand temps que les communistes publient ouvertement, à la face du monde entier, leurs vues, leurs buts et leurs tendances

II. Najwyższy czas, aby komuniści otwarcie, w obliczu całego świata, ogłosili swoje poglądy, cele i tendencje
ils doivent répondre à ce conte enfantin du spectre du communisme par un manifeste du parti lui-même
muszą spotkać się z tą dziecinną opowieścią o Widmie Komunizmu z Manifestem samej partii
À cette fin, des communistes de diverses nationalités se sont réunis à Londres et ont esquissé le manifeste suivant
W tym celu komuniści różnych narodowości zebrali się w Londynie i naszkicowali następujący Manifest
ce manifeste sera publié en anglais, français, allemand, italien, flamand et danois
manifest ten ma zostać opublikowany w językach angielskim, francuskim, niemieckim, włoskim, flamandzkim i duńskim
Et maintenant, il doit être publié dans toutes les langues proposées par Tranzlaty
A teraz ma się ukazać we wszystkich językach, jakie oferują Tranzlaty

Les bourgeois et les prolétaires
Burżuazja i proletariusze

L'histoire de toutes les sociétés qui ont existé jusqu'à présent est l'histoire des luttes de classes

Historia wszystkich dotychczasowych społeczeństw jest historią walk klasowych

Homme libre et esclave, patricien et plébéien, seigneur et serf, maître de guilde et compagnon

Wolny i niewolnik, patrycjusz i plebejusz, pan i chłop pańszczyźniany, mistrz cechu i czeladnik

en un mot, oppresseur et opprimé

Jednym słowem ciemiężyciel i uciśniony

Ces classes sociales étaient en opposition constante les unes avec les autres

Te klasy społeczne stały w nieustannej opozycji do siebie

Ils se sont battus sans interruption. Maintenant caché, maintenant ouvert

Prowadzili nieprzerwaną walkę. Teraz ukryte, teraz otwarte

un combat qui s'est terminé par une reconstitution révolutionnaire de la société dans son ensemble

walka, która albo zakończyła się rewolucyjną rekonstytucją całego społeczeństwa

ou un combat qui s'est terminé par la ruine commune des classes en lutte

lub walka, która zakończyła się wspólną ruiną walczących klas

Jetons un coup d'œil aux époques antérieures de l'histoire

Wróćmy do wcześniejszych epok historii

Nous trouvons presque partout un arrangement compliqué de la société en divers ordres

Prawie wszędzie spotykamy się ze skomplikowanym porządkiem społeczeństwa w rozmaite porządki

Il y a toujours eu une gradation multiple du rang social

Zawsze istniała wieloraka gradacja rangi społecznej

Dans la Rome antique, nous avons des patriciens, des chevaliers, des plébéiens, des esclaves

W starożytnym Rzymie mamy patrycjuszy, rycerzy, plebejuszy, niewolników

au Moyen Âge : seigneurs féodaux, vassaux, maîtres de corporation, compagnons, apprentis, serfs

w średniowieczu: panowie feudalni, wasale, mistrzowie cechowi, czeladnicy, czeladnicy, chłopi pańszczyźniani

Dans presque toutes ces classes, encore une fois, les gradations subordonnées

Prawie we wszystkich tych klasach, znowu, stopniowanie podrzędne

La société bourgeoise moderne est née des ruines de la société féodale

Współczesne społeczeństwo burżuazyjne wyrosło na gruzach społeczeństwa feudalnego

Mais ce nouvel ordre social n'a pas fait disparaître les antagonismes de classe

Ale ten nowy porządek społeczny nie usunął przeciwieństw klasowych

Elle n'a fait qu'établir de nouvelles classes et de nouvelles conditions d'oppression

Ustanowiła ona jedynie nowe klasy i nowe warunki ucisku

Il a mis en place de nouvelles formes de lutte à la place des anciennes

Ustanowiła nowe formy walki w miejsce starych

Cependant, l'époque dans laquelle nous nous trouvons possède un trait distinctif

Epoka, w której się znajdujemy, ma jednak jedną charakterystyczną cechę

l'époque de la bourgeoisie a simplifié les antagonismes de classe

epoka burżuazji uprościła przeciwieństwa klasowe

La société dans son ensemble se divise de plus en plus en deux grands camps hostiles

Społeczeństwo jako całość coraz bardziej dzieli się na dwa wielkie, wrogie obozy

deux grandes classes sociales qui se font directement face : la bourgeoisie et le prolétariat

dwie wielkie klasy społeczne naprzeciw siebie: burżuazja i proletariat

Des serfs du Moyen Âge sont sortis les bourgeois agréés des premières villes

Z chłopów pańszczyźnianych średniowiecza wywodzili się prawdziwi mieszczanie pierwszych miast

C'est à partir de ces bourgeois que se sont développés les premiers éléments de la bourgeoisie

Z tych mieszczan rozwinęły się pierwsze elementy burżuazji

La découverte de l'Amérique et le contournement du Cap

Odkrycie Ameryki i okrążenie Przylądka

ces événements ont ouvert un nouveau terrain à la bourgeoisie montante

Wydarzenia te otworzyły nowe pole dla rosnącej burżuazji

Les marchés des Indes orientales et de la Chine, la colonisation de l'Amérique, le commerce avec les colonies

Rynki wschodnioindyjskie i chińskie, kolonizacja Ameryki, handel z koloniami

l'augmentation des moyens d'échange et des marchandises en général

wzrost środków wymiany i towarów w ogóle

Ces événements donnèrent au commerce, à la navigation et à l'industrie une impulsion jamais connue jusque-là

Wydarzenia te dały handlowi, żegludze i przemysłowi impuls nigdy wcześniej nie znany

Elle a donné un développement rapide à l'élément révolutionnaire dans la société féodale chancelante

Dało to szybki rozwój rewolucyjnemu elementowi w chwiejącym się społeczeństwie feudalnym

Les guildes fermées avaient monopolisé le système féodal de la production industrielle

Zamknięte gildie zmonopolizowały feudalny system produkcji przemysłowej

Mais cela ne suffisait plus aux besoins croissants des nouveaux marchés

To już jednak nie wystarczało na zaspokojenie rosnących potrzeb nowych rynków

Le système manufacturier a pris la place du système féodal de l'industrie

System wytwórczy zajął miejsce feudalnego systemu przemysłowego

Les maîtres de guilde étaient poussés d'un côté par la classe moyenne manufacturière

Mistrzowie cechowi zostali zepchnięci na bok przez produkcyjną klasę średnią

La division du travail entre les différentes corporations a disparu

Podział pracy między różnymi gildiami korporacyjnymi zniknął

La division du travail s'infiltrait dans chaque atelier

Podział pracy przenikał każdy warsztat

Pendant ce temps, les marchés ne cessaient de croître et la demande ne cessait d'augmenter

Tymczasem rynki stale rosły, a popyt stale rósł

Même les usines ne suffisaient plus à répondre à la demande

Nawet fabryki nie były już w stanie sprostać wymaganiom

À partir de là, la vapeur et les machines ont révolutionné la production industrielle

W ten sposób para i maszyny zrewolucjonizowały produkcję przemysłową

La place de fabrication a été prise par le géant de l'industrie moderne

Miejsce produkcji zajął gigant, Nowoczesny Przemysł

La place de la classe moyenne industrielle a été prise par des millionnaires industriels

miejsce przemysłowej klasy średniej zajęli przemysłowi
milionerzy
**la place de chefs d'armées industrielles entières ont été
prises par la bourgeoisie moderne**
miejsce przywódców całych armii przemysłowych zajęła
współczesna burżuazja
**la découverte de l'Amérique a ouvert la voie à l'industrie
moderne pour établir le marché mondial**
odkrycie Ameryki utorowało drogę nowoczesnemu
przemysłowi do ustanowienia rynku światowego
**Ce marché donna un immense développement au commerce,
à la navigation et aux communications par terre**
Rynek ten przyczynił się do ogromnego rozwoju handlu,
żeglugi i komunikacji lądowej
**Cette évolution a, en son temps, réagi à l'extension de
l'industrie**
Rozwój ten w swoim czasie był reakcją na rozwój przemysłu
**elle a réagi proportionnellement à l'expansion de l'industrie
et à l'extension du commerce, de la navigation et des
chemins de fer**
Reakcja była proporcjonalna do tego, jak rozwijał się
przemysł, jak rozwijał się handel, żegluga i koleje
**dans la même proportion que la bourgeoisie s'est
développée, elle a augmenté son capital**
W takim samym stopniu, w jakim rozwijała się burżuazja,
pomnażała swój kapitał
**et la bourgeoisie a relégué à l'arrière-plan toutes les classes
héritées du Moyen Âge**
a burżuazja zepchnęła na dalszy plan każdą klasę przekazaną
od średniowiecza
**c'est pourquoi la bourgeoisie moderne est elle-même le
produit d'un long développement**
dlatego też współczesna burżuazja sama jest wytworem
długiego toku rozwoju
**On voit qu'il s'agit d'une série de révolutions dans les
modes de production et d'échange**

Widzimy, że jest to seria rewolucji w sposobach produkcji i wymiany

Chaque étape du développement de la bourgeoisie s'accompagnait d'une avancée politique correspondante
Każdemu rozwojowemu krokowi burżuazji towarzyszył odpowiadający mu postęp polityczny

Une classe opprimée sous l'emprise de la noblesse féodale
Klasa uciskana pod władzą feudalnej szlachty

Une association armée et autonome dans la commune médiévale
Zbrojne i samorządne stowarzyszenie w średniowiecznej komunie

ici, une république urbaine indépendante (comme en Italie et en Allemagne)
tutaj niepodległa republika miejska (jak we Włoszech i Niemczech)

là, un « tiers état » imposable de la monarchie (comme en France)
tam podlegający opodatkowaniu "trzeci stan" monarchii (jak we Francji)

par la suite, dans la période de fabrication proprement dite
Następnie, w okresie produkcji właściwej

la bourgeoisie servait soit la monarchie semi-féodale, soit la monarchie absolue
burżuazja służyła albo monarchii półfeudalnej, albo absolutnej

ou bien la bourgeoisie faisait contrepoids à la noblesse
albo burżuazja działała jako przeciwwaga dla szlachty

et, en fait, la bourgeoisie était une pierre angulaire des grandes monarchies en général
i w rzeczywistości burżuazja była kamieniem węgielnym wielkich monarchii w ogóle

mais l'industrie moderne et le marché mondial se sont établis depuis lors
ale od tego czasu ugruntował się nowoczesny przemysł i rynek światowy

et la bourgeoisie s'est emparée de l'emprise politique exclusive

a burżuazja zdobyła dla siebie wyłączną władzę polityczną

elle a obtenu cette influence politique à travers l'État représentatif moderne

osiągnął ten polityczny wpływ poprzez nowoczesne państwo przedstawicielskie

Les exécutifs de l'État moderne ne sont qu'un comité de gestion

Władza wykonawcza współczesnego państwa jest tylko komitetem zarządzającym

et ils gèrent les affaires communes de toute la bourgeoisie

i kierują wspólnymi sprawami całej burżuazji

La bourgeoisie, historiquement, a joué un rôle des plus révolutionnaires

Burżuazja, historycznie rzecz biorąc, odegrała najbardziej rewolucyjną rolę

Partout où elle a pris le dessus, elle a mis fin à toutes les relations féodales, patriarcales et idylliques

Wszędzie tam, gdzie zdobywała przewagę, kładła kres wszelkim feudalnym, patriarchalnym i idyllicznym stosunkom

Elle a impitoyablement déchiré les liens féodaux hétéroclites qui liaient l'homme à ses « supérieurs naturels »

Bezlitośnie rozdarła pstrokate feudalne więzy, które wiązały człowieka z jego "naturalnymi zwierzchnikami"

et il n'y a plus de lien entre l'homme et l'homme, si ce n'est l'intérêt personnel

Nie pozostał też żaden związek między człowiekiem a człowiekiem, poza czystym interesem własnym

Les relations de l'homme entre eux ne sont plus qu'un « paiement en espèces » impitoyable

Wzajemne relacje między ludźmi stały się niczym więcej niż bezduszną "zapłatą gotówką"

Elle a noyé les extases les plus célestes de la ferveur religieuse

Zagłuszyła najbardziej niebiańskie ekstazy religijnego zapału
elle a noyé l'enthousiasme chevaleresque et le sentimentalisme philistin
Utopiła rycerski entuzjazm i filisterski sentymentalizm
Il a noyé ces choses dans l'eau glacée du calcul égoïste
utopiła te rzeczy w lodowatej wodzie egoistycznych kalkulacji
Il a transformé la valeur personnelle en valeur échangeable
Przekształciła osobistą wartość w wartość wymienną
elle a remplacé les innombrables et inaliénables libertés garanties par la Charte
Zastąpiła ona niezliczone i nienaruszalne wolności statutowe
et il a mis en place une liberté unique et inadmissible ; Libre-échange
i ustanowił jedną, niepojętą wolność; Wolny handel
En un mot, il l'a fait pour l'exploitation
Jednym słowem, zrobił to dla wyzysku
Une exploitation voilée par des illusions religieuses et politiques
wyzysk zasłaniany iluzjami religijnymi i politycznymi
l'exploitation voilée par une exploitation nue, éhontée, directe, brutale
wyzysk ukryty pod nagim, bezwstydnym, bezpośrednim, brutalnym wyzyskiem
la bourgeoisie a enlevé l'auréole de toutes les occupations jusque-là honorées et vénérées
burżuazja zdarła aureolę z każdego poprzednio zaszczytnego i szanowanego zawodu
le médecin, l'avocat, le prêtre, le poète et l'homme de science
Lekarz, prawnik, ksiądz, poeta i człowiek nauki
Il a converti ces travailleurs distingués en ses travailleurs salariés
Przekształciła tych wybitnych robotników w swoich płatnych robotników najemnych
La bourgeoisie a déchiré le voile sentimental de la famille
Burżuazja zdarła z rodziny sentymentalną zasłonę

et elle a réduit la relation familiale à une simple relation d'argent

i zredukował stosunek rodzinny do zwykłej relacji pieniężnej

la brutale démonstration de vigueur au Moyen Âge que les réactionnaires admirent tant

brutalny pokaz wigoru w średniowieczu, który reakcjoniści tak bardzo podziwiają

Même cela a trouvé son complément approprié dans l'indolence la plus paresseuse

Nawet to znalazło swoje odpowiednie dopełnienie w najbardziej leniwym lenistwie

La bourgeoisie a révélé comment tout cela s'est passé

Burżuazja ujawniła, jak do tego wszystkiego doszło

La bourgeoisie a été la première à montrer ce que l'activité de l'homme peut produire

Burżuazja jako pierwsza pokazała, do czego może doprowadzić działalność człowieka

Il a accompli des merveilles surpassant de loin les pyramides égyptiennes, les aqueducs romains et les cathédrales gothiques

Dokonał cudów znacznie przewyższających egipskie piramidy, rzymskie akwedukty i gotyckie katedry

et il a mené des expéditions qui ont mis dans l'ombre tous les anciens Exodes des nations et les croisades

i przeprowadził ekspedycje, które położyły cień na wszystkich dawnych Exodusach narodów i krucjatach

La bourgeoisie ne peut exister sans révolutionner sans cesse les instruments de production

Burżuazja nie może istnieć bez ciągłego rewolucjonizowania narzędzi produkcji

et par conséquent elle ne peut exister sans ses rapports à la production

a zatem nie może istnieć bez swoich związków z produkcją

et donc elle ne peut exister sans ses relations avec la société

i dlatego nie może istnieć bez swoich relacji ze społeczeństwem

Toutes les classes industrielles antérieures avaient une condition en commun

Wszystkie wcześniejsze klasy przemysłowe miały jeden wspólny warunek

Ils s'appuyaient sur la conservation des anciens modes de production

Opierały się one na zachowaniu starych sposobów produkcji

mais la bourgeoisie a apporté avec elle une dynamique tout à fait nouvelle

ale burżuazja przyniosła ze sobą zupełnie nową dynamikę

Révolution constante de la production et perturbation ininterrompue de toutes les conditions sociales

Nieustanne rewolucjonizowanie produkcji i nieprzerwane zakłócanie wszystkich warunków społecznych

cette incertitude et cette agitation perpétuelles distinguent l'époque bourgeoise de toutes les époques antérieures

ta wieczna niepewność i wzburzenie odróżnia epokę burżuazji od wszystkich wcześniejszych

Les relations antérieures avec la production s'accompagnaient de préjugés et d'opinions anciens et vénérables

Poprzednie związki z produkcją wiązały się ze starożytnymi i czcigodnymi uprzedzeniami i opiniami

Mais toutes ces relations figées et figées sont balayées d'un revers de main

Ale wszystkie te stałe, szybko zamrożone relacje zostają zmiecione

Toutes les relations nouvellement formées deviennent archaïques avant de pouvoir s'ossifier

Wszystkie nowo powstałe relacje stają się przestarzałe, zanim zdążą skostnieć

Tout ce qui est solide se fond dans l'air, et tout ce qui est saint est profané

Wszystko, co stałe, rozpływa się w powietrzu, a wszystko, co święte, zostaje zbezczeszczone

L'homme est enfin forcé de faire face, avec des sens sobres, à ses conditions réelles de vie

Człowiek jest w końcu zmuszony spojrzeć trzeźwo na swoje rzeczywiste warunki życia

et il est obligé de faire face à ses relations avec les siens

i jest zmuszony stawić czoła swoim stosunkom ze swoim pobratymcem

La bourgeoisie a constamment besoin d'élargir ses marchés pour ses produits

Burżuazja musi stale poszerzać swoje rynki zbytu dla swoich produktów

et, à cause de cela, la bourgeoisie est poursuivie sur toute la surface du globe

i z tego powodu burżuazja jest ścigana po całej powierzchni globu

La bourgeoisie doit se nicher partout, s'installer partout, établir des liens partout

Burżuazja musi zagnieździć się wszędzie, osiedlić się wszędzie, wszędzie ustanowić kontakty

La bourgeoisie doit créer des marchés dans tous les coins du monde pour exploiter

Burżuazja musi stworzyć rynki w każdym zakątku świata, aby je wyzyskiwać

La production et la consommation dans tous les pays ont reçu un caractère cosmopolite

Produkcja i konsumpcja w każdym kraju nabrała kosmopolitycznego charakteru

le chagrin des réactionnaires est palpable, mais il s'est poursuivi malgré tout

rozgoryczenie reakcjonistów jest namacalne, ale trwa ono niezależnie od tego

La bourgeoisie a tiré de dessous les pieds de l'industrie le terrain national sur lequel elle se trouvait

Burżuazja wyrwała spod nóg przemysłu narodowy grunt, na którym stała

Toutes les anciennes industries nationales ont été détruites, ou sont détruites chaque jour

Wszystkie dawne gałęzie przemysłu narodowego zostały zniszczone lub są niszczone codziennie

Toutes les anciennes industries nationales sont délogées par de nouvelles industries

Wszystkie stare gałęzie przemysłu narodowego są wypierane przez nowe gałęzie przemysłu

Leur introduction devient une question de vie ou de mort pour toutes les nations civilisées

Ich wprowadzenie staje się kwestią życia i śmierci dla wszystkich cywilizowanych narodów

Ils sont délogés par les industries qui ne travaillent plus la matière première indigène

Są one wypierane przez przemysł, który nie wydobywa już rodzimych surowców

Au lieu de cela, ces industries extraient des matières premières des zones les plus reculées

Zamiast tego branże te pobierają surowce z najodleglejszych stref

dont les produits sont consommés, non seulement chez nous, mais dans tous les coins du monde

branże, których produkty są konsumowane nie tylko w kraju, ale w każdym zakątku globu

À la place des anciens besoins, satisfaits par les productions du pays, nous trouvons de nouveaux besoins

W miejsce starych potrzeb, zaspokojonych przez produkcje kraju, znajdujemy nowe potrzeby

Ces nouveaux besoins exigent pour leur satisfaction les produits des pays et des climats lointains

Te nowe potrzeby wymagają dla ich zaspokojenia wytworów odległych krajów i klimatów

À la place de l'ancien isolement et de l'autosuffisance locaux et nationaux, nous avons le commerce

W miejsce dawnego lokalnego i narodowego odosobnienia i samowystarczalności mamy handel

les échanges internationaux dans toutes les directions ;
l'interdépendance universelle des nations
wymiana międzynarodowa we wszystkich kierunkach;
Powszechna współzależność narodów
**Et de même que nous sommes dépendants des matériaux,
nous sommes dépendants de la production intellectuelle**
I tak jak jesteśmy zależni od materiałów, tak też jesteśmy
zależni od produkcji intelektualnej
**Les créations intellectuelles des nations individuelles
deviennent la propriété commune**
Wytwory intelektualne poszczególnych narodów stają się
wspólną własnością
**L'unilatéralité nationale et l'étroitesse d'esprit deviennent
de plus en plus impossibles**
Narodowa jednostronność i ciasnota umysłowa stają się coraz
bardziej niemożliwe
**et des nombreuses littératures nationales et locales, surgit
une littérature mondiale**
Z licznych literatur narodowych i lokalnych wyłania się
literatura światowa
**par l'amélioration rapide de tous les instruments de
production**
przez szybkie doskonalenie wszystkich narzędzi produkcji
par les moyens de communication immensément facilités
dzięki niezwykle ułatwionym środkom komunikacji
**La bourgeoisie entraîne tout le monde (même les nations les
plus barbares) dans la civilisation**
Burżuazja wciąga wszystkich (nawet najbardziej
barbarzyńskie narody) w cywilizację
**Les prix bon marché de ses marchandises ; l'artillerie lourde
qui abat toutes les murailles chinoises**
Niskie ceny jej towarów; ciężka artyleria, która burzy
wszystkie chińskie mury
**La haine obstinée des barbares contre les étrangers est forcée
de capituler**

Zaciekła nienawiść barbarzyńców do cudzoziemców zostaje zmuszona do kapitulacji

Elle oblige toutes les nations, sous peine d'extinction, à adopter le mode de production bourgeois

Zmusza ona wszystkie narody, pod groźbą wyginięcia, do przyjęcia burżuazyjnego sposobu produkcji

elle les oblige à introduire ce qu'elle appelle la civilisation en leur sein

Zmusza ich do wprowadzenia w ich grono tego, co nazywa cywilizacją

La bourgeoisie force les barbares à devenir eux-mêmes bourgeois

Burżuazja zmusza barbarzyńców, by sami stali się burżuazją

en un mot, la bourgeoisie crée un monde à son image

jednym słowem, burżuazja tworzy świat na swój obraz

La bourgeoisie a soumis les campagnes à la domination des villes

Burżuazja poddała wieś panowaniu miast

Il a créé d'énormes villes et considérablement augmenté la population urbaine

Stworzył ogromne miasta i znacznie zwiększył populację miejską

Il a sauvé une partie considérable de la population de l'idiotie de la vie rurale

Uratowała ona znaczną część ludności od idiotyzmu wiejskiego życia

mais elle a rendu les ruraux dépendants des villes

ale to sprawiło, że ludzie na wsi stali się zależni od miast

et de même, elle a rendu les pays barbares dépendants des pays civilisés

Podobnie uzależniła kraje barbarzyńskie od cywilizowanych

nations paysannes sur nations bourgeoises, l'Orient sur Occident

narody chłopskie na narody burżuazji, Wschód na Zachodzie

La bourgeoisie se débarrasse de plus en plus de l'éparpillement de la population

Burżuazja coraz bardziej znosi rozproszenie ludności

Il a une production agglomérée et a concentré la propriété entre quelques mains

Skoncentrował produkcję i skoncentrował własność w kilku rękach

La conséquence nécessaire de cela a été la centralisation politique

Nieuniknioną konsekwencją tego była centralizacja polityczna

Il y avait eu des nations indépendantes et des provinces vaguement reliées entre elles

Istniały niepodległe narody i luźno powiązane prowincje

Ils avaient des intérêts, des lois, des gouvernements et des systèmes d'imposition distincts

Mieli odrębne interesy, prawa, rządy i systemy podatkowe

Mais ils ont été regroupés en une seule nation, avec un seul gouvernement

Zostali jednak wrzuceni do jednego worka w jeden naród, z jednym rządem

Ils ont maintenant un intérêt de classe national, une frontière et un tarif douanier

Mają teraz jeden narodowy interes klasowy, jedną granicę i jedną taryfę celną

Et cet intérêt de classe national est unifié sous un seul code de loi

I ten narodowy interes klasowy jest zjednoczony w jednym kodeksie prawnym

la bourgeoisie a accompli beaucoup de choses au cours de son règne d'à peine cent ans

Burżuazja osiągnęła wiele w ciągu zaledwie stuletnich rządów

forces productives plus massives et plus colossales que toutes les générations précédentes réunies

masywniejsze i kolosalne siły wytwórcze niż wszystkie poprzednie pokolenia razem wzięte

Les forces de la nature sont soumises à la volonté de l'homme et de ses machines

Siły przyrody są podporządkowane woli człowieka i jego maszyn

La chimie s'applique à toutes les formes d'industrie et à tous les types d'agriculture

Chemia znajduje zastosowanie we wszystkich formach przemysłu i rodzajach rolnictwa

la navigation à vapeur, les chemins de fer, les télégraphes électriques et l'imprimerie

żegluga parowa, koleje żelazne, telegrafy elektryczne i prasa drukarska

défrichement de continents entiers pour la culture, canalisation des rivières

karczowanie całych kontynentów pod uprawę, kanalizacja rzek

Des populations entières ont été extirpées du sol et mises au travail

Całe populacje zostały wyczarowane z ziemi i zaprzęgnięte do pracy

Quel siècle précédent avait ne serait-ce qu'un pressentiment de ce qui pourrait être déchaîné ?

Które wcześniejsze stulecie miało choćby przeczucie, co może zostać uwolnione?

Qui aurait prédit que de telles forces productives sommeillaient dans le giron du travail social ?

Kto przewidział, że takie siły wytwórcze drzemią na łonie pracy społecznej?

Nous voyons donc que les moyens de production et d'échange ont été générés dans la société féodale

Widzimy więc, że środki produkcji i wymiany zostały wytworzone w społeczeństwie feudalnym

les moyens de production sur la base desquels la bourgeoisie s'est construite

środki produkcji, na których fundamencie burżuazja się zbudowała

À un certain stade du développement de ces moyens de production et d'échange

Na pewnym etapie rozwoju tych środków produkcji i wymiany

les conditions dans lesquelles la société féodale produisait et échangeait

Warunki, w jakich społeczeństwo feudalne produkowało i wymieniało

L'organisation féodale de l'agriculture et de l'industrie manufacturière

Feudalna organizacja rolnictwa i przemysłu wytwórczego

Les rapports féodaux de propriété n'étaient plus compatibles avec les conditions matérielles

Feudalne stosunki własności nie były już do pogodzenia z warunkami materialnymi

Ils devaient être brisés, alors ils ont été brisés

Trzeba je było rozerwać na strzępy, więc zostały rozerwane na strzępy

À leur place s'est ajoutée la libre concurrence des forces productives

Ich miejsce zajęła wolna konkurencja ze strony sił wytwórczych

et ils étaient accompagnés d'une constitution sociale et politique adaptée à celle-ci

Towarzyszyła im dostosowana do tego konstytucja społeczna i polityczna

et elle s'accompagnait de l'emprise économique et politique de la classe bourgeoise

Towarzyszył temu ekonomiczny i polityczny wpływ klasy burżuazyjnej

Un mouvement similaire est en train de se produire sous nos yeux

Podobny ruch zachodzi na naszych oczach

La société bourgeoise moderne avec ses rapports de production, d'échange et de propriété

Nowoczesne społeczeństwo burżuazyjne z jego stosunkami produkcji, wymiany i własności

une société qui a inventé des moyens de production et d'échange aussi gigantesques

Społeczeństwo, które wyczarowało tak gigantyczne środki produkcji i wymiany

C'est comme le sorcier qui a invoqué les puissances de l'au-delà

Jest jak czarownik, który przywołał moce z zaświatów

Mais il n'est plus capable de contrôler ce qu'il a mis au monde

Ale nie jest już w stanie kontrolować tego, co przyniósł na świat

Pendant de nombreuses décennies, l'histoire a été liée par un fil conducteur

Przez wiele dekad miniona historia była związana wspólną nicią

L'histoire de l'industrie et du commerce n'a été que l'histoire des révoltes

Historia przemysłu i handlu była tylko historią buntów

Les révoltes des forces productives modernes contre les conditions modernes de production

Bunty nowoczesnych sił wytwórczych przeciwko nowoczesnym warunkom produkcji

Les révoltes des forces productives modernes contre les rapports de propriété

Bunty współczesnych sił wytwórczych przeciwko stosunkom własności

ces rapports de propriété sont les conditions de l'existence de la bourgeoisie

te stosunki własności są warunkiem istnienia burżuazji

et l'existence de la bourgeoisie détermine les règles des rapports de propriété

a istnienie burżuazji określa reguły stosunków własności

Il suffit de mentionner le retour périodique des crises commerciales

Wystarczy wspomnieć o okresowych powrotach kryzysów handlowych chaque crise commerciale est plus menaçante pour la société bourgeoise que la précédente

każdy kryzys handlowy jest większym zagrożeniem dla społeczeństwa burżuazyjnego niż poprzedni

Dans ces crises, une grande partie des produits existants sont détruits

W wyniku tych kryzysów znaczna część istniejących produktów ulega zniszczeniu

Mais ces crises détruisent aussi les forces productives créées précédemment

Ale kryzysy te niszczą również wcześniej stworzone siły wytwórcze

Dans toutes les époques antérieures, ces épidémies auraient semblé une absurdité

We wszystkich wcześniejszych epokach epidemie te wydawałyby się absurdem

parce que ces épidémies sont les crises commerciales de la surproduction

ponieważ te epidemie są komercyjnymi kryzysami nadprodukcji

La société se trouve soudain remise dans un état de barbarie momentanée

Społeczeństwo nagle zostaje ponownie wprowadzone w stan chwilowego barbarzyństwa

comme si une guerre universelle de dévastation avait coupé tous les moyens de subsistance

jak gdyby powszechna wojna wyniszczająca odcięła wszelkie środki utrzymania

l'industrie et le commerce semblent avoir été détruits ; Et pourquoi ?

Wydaje się, że przemysł i handel zostały zniszczone; Dlaczego?

Parce qu'il y a trop de civilisation et de moyens de subsistance

Bo jest za dużo cywilizacji i środków do życia

et parce qu'il y a trop d'industrie et trop de commerce

A także dlatego, że jest za dużo przemysłu i za dużo handlu
Les forces productives à la disposition de la société ne développent plus la propriété bourgeoise
Siły wytwórcze, którymi dysponuje społeczeństwo, nie rozwijają już własności burżuazyjnej
au contraire, ils sont devenus trop puissants pour ces conditions, par lesquelles ils sont enchaînés
Wręcz przeciwnie, stali się zbyt potężni dla tych warunków, którymi są skrępowani
dès qu'ils surmontent ces entraves, ils mettent le désordre dans toute la société bourgeoise
Skoro tylko przezwyciężą te kajdany, wprowadzą nieporządek w całe społeczeństwo burżuazyjne
et les forces productives mettent en danger l'existence de la propriété bourgeoise
a siły wytwórcze zagrażają istnieniu własności burżuazyjnej
Les conditions de la société bourgeoise sont trop étroites pour englober les richesses qu'elles créent
Warunki społeczeństwa burżuazyjnego są zbyt ciasne, aby mogły objąć bogactwo przez nie wytworzone
Et comment la bourgeoisie surmonte-t-elle ces crises ?
I jak burżuazja radzi sobie z tymi kryzysami?
D'une part, elle surmonte ces crises par la destruction forcée d'une masse de forces productives
Z jednej strony, przezwycięża te kryzysy poprzez wymuszone zniszczenie masy sił wytwórczych
D'autre part, elle surmonte ces crises par la conquête de nouveaux marchés
Z drugiej strony przezwycięża te kryzysy, zdobywając nowe rynki
et elle surmonte ces crises par l'exploitation plus poussée des anciennes forces productives
Przezwycięża te kryzysy dzięki dokładniejszemu wykorzystaniu starych sił wytwórczych
C'est-à-dire en ouvrant la voie à des crises plus étendues et plus destructrices

To znaczy, torując drogę do bardziej rozległych i bardziej destrukcyjnych kryzysów

elle surmonte la crise en diminuant les moyens de prévention des crises

przezwycięża kryzys, ograniczając środki zapobiegania kryzysom

Les armes avec lesquelles la bourgeoisie a abattu le féodalisme sont maintenant retournées contre elle-même

Broń, którą burżuazja obaliła feudalizm, obróciła się teraz przeciwko niej samej

Mais non seulement la bourgeoisie a-t-elle forgé les armes qui lui apportent la mort

Ale burżuazja nie tylko wykuła broń, która sprowadza na nią śmierć

Il a également appelé à l'existence les hommes qui doivent manier ces armes

Powołał również do istnienia ludzi, którzy mają władać tą bronią

Et ces hommes sont la classe ouvrière moderne ; Ce sont les prolétaires

A ci ludzie to współczesna klasa robotnicza; Oni są proletariuszami

À mesure que la bourgeoisie se développe, le prolétariat se développe dans la même proportion

W miarę jak rozwija się burżuazja, w takim samym stopniu rozwija się proletariat

La classe ouvrière moderne a développé une classe d'ouvriers

Współczesna klasa robotnicza wykształciła klasę robotników

Cette classe d'ouvriers ne vit que tant qu'elle trouve du travail

Ta klasa robotników żyje tylko tak długo, jak długo znajdzie pracę

et ils ne trouvent de travail qu'aussi longtemps que leur travail augmente le capital

i znajdują pracę tylko tak długo, jak długo ich praca pomnaża
kapitał

**Ces ouvriers, qui doivent se vendre à la pièce, sont une
marchandise**

Ci robotnicy, którzy muszą sprzedawać się po kawałku, są
towarem

**Ces ouvriers sont comme tous les autres articles de
commerce**

Ci robotnicy są jak każdy inny towar handlowy

**et, par conséquent, ils sont exposés à toutes les vicissitudes
de la concurrence**

i w konsekwencji są narażeni na wszelkie zmienne koleje
konkurencji

Ils doivent faire face à toutes les fluctuations du marché

Muszą przetrwać wszystkie wahania na rynku

**En raison de l'utilisation intensive des machines et de la
division du travail**

Ze względu na szerokie zastosowanie maszyn i podział pracy

Le travail des prolétaires a perdu tout caractère individuel

Praca proletariuszy utraciła wszelki indywidualny charakter

**et, par conséquent, le travail des prolétaires a perdu tout
charme pour l'ouvrier**

A co za tym idzie, praca proletariuszy straciła wszelki urok
dla robotnika

**Il devient un appendice de la machine, plutôt que l'homme
qu'il était autrefois**

Staje się dodatkiem do maszyny, a nie człowiekiem, którym
był kiedyś

**On n'exige de lui que l'habileté la plus simple, la plus
monotone et la plus facile à acquérir**

Wymaga się od niego tylko najprostszego, monotonnego i
najłatwiejszego do zdobycia talentu

Par conséquent, le coût de production d'un ouvrier est limité

W związku z tym koszt produkcji robotnika jest ograniczony

**elle se limite presque entièrement aux moyens de
subsistance dont il a besoin pour son entretien**

Ogranicza się ona prawie wyłącznie do środków utrzymania, które są mu potrzebne do utrzymania

et elle est limitée aux moyens de subsistance dont il a besoin pour la propagation de sa race

i ogranicza się do środków utrzymania, których potrzebuje do rozmnażania swojej rasy

Mais le prix d'une marchandise, et par conséquent aussi du travail, est égal à son coût de production

Otóż cena towaru, a więc i pracy, jest równa kosztom jego produkcji

C'est pourquoi, à mesure que le travail répugnant augmente, le salaire diminue

Proporcjonalnie więc do tego, jak wzrasta odrażająca praca, płaca robocza maleje

Bien plus, le caractère répugnant de son travail augmente à un rythme encore plus grand

Co więcej, odrażająca natura jego dzieła wzrasta w jeszcze większym tempie

À mesure que l'utilisation des machines et la division du travail augmentent, le fardeau du labeur augmente également

Wraz ze wzrostem użycia maszyn i podziału pracy wzrasta ciężar pracy

La charge de travail est augmentée par la prolongation du temps de travail

Ciężar trudu jest zwiększany przez wydłużenie czasu pracy

On attend plus de l'ouvrier dans le même temps qu'auparavant

Od robotnika oczekuje się więcej w tym samym czasie, co przedtem

Et bien sûr, le poids du labeur est augmenté par la vitesse de la machine

I oczywiście ciężar trudu jest zwiększony przez prędkość maszyn

L'industrie moderne a transformé le petit atelier du maître patriarcal en la grande usine du capitaliste industriel

Nowoczesny przemysł przekształcił mały warsztat patriarchalnego mistrza w wielką fabrykę przemysłowego kapitalisty

Des masses d'ouvriers, entassés dans l'usine, s'organisent comme des soldats

Masy robotników, stłoczone w fabryce, zorganizowane są jak żołnierze

En tant que simples soldats de l'armée industrielle, ils sont placés sous le commandement d'une hiérarchie parfaite d'officiers et de sergents

Jako szeregowcy armii przemysłowej znajdują się pod dowództwem doskonałej hierarchii oficerów i sierżantów

ils ne sont pas seulement les esclaves de la classe bourgeoise et de l'État

są oni nie tylko niewolnikami klasy burżuazyjnej i państwa

Mais ils sont aussi asservis quotidiennement et d'heure en heure par la machine

ale są też codziennie i co godzinę zniewoleni przez maszynę

ils sont asservis par le surveillant, et surtout par le fabricant bourgeois lui-même

są oni zniewoleni przez patrzącego, a przede wszystkim przez samego pojedynczego burżuazyjnego fabrykanta

Plus ce despotisme proclame ouvertement que le gain est sa fin et son but, plus il est mesquin, plus haïssable et plus aigri

Im bardziej otwarcie despotyzm ten głosi, że zysk jest jego celem i celem, tym bardziej jest małostkowy, tym bardziej nienawistny i tym bardziej rozgoryczony

Plus l'industrie moderne se développe, moins les différences entre les sexes sont grandes

Im bardziej nowoczesny przemysł się rozwija, tym mniejsze są różnice między płciami

Moins le travail manuel exige d'habileté et d'effort de force, plus le travail des hommes est supplanté par celui des femmes

Im mniej umiejętności i wysiłku siłowego implikuje praca
fizyczna, tym bardziej praca mężczyzn jest wypierana przez
pracę kobiet

**Les différences d'âge et de sexe n'ont plus de validité sociale
distincte pour la classe ouvrière**

Różnice wieku i płci nie mają już żadnego szczególnego
znaczenia społecznego dla klasy robotniczej

**Tous sont des instruments de travail, plus ou moins coûteux
à utiliser, selon leur âge et leur sexe**

Wszyscy są narzędziami pracy, mniej lub bardziej
kosztownymi w użyciu, w zależności od wieku i płci

**dès que l'ouvrier reçoit son salaire en espèces, il est attaqué
par les autres parties de la bourgeoisie**

Skoro tylko robotnik otrzyma swoją zapłatę w gotówce, to
inne części burżuazji narzucają mu

le propriétaire, le commerçant, le prêteur sur gages, etc

właściciel, sklepikarz, lombard itp

**Les couches inférieures de la classe moyenne ; les petits
commerçants et les commerçants**

Niższe warstwy klasy średniej; drobni handlowcy i
sklepikarze

**les commerçants retraités en général, et les artisans et les
paysans**

Kupcy na emeryturze, rzemieślnicy i chłopi

tout cela s'enfonce peu à peu dans le prolétariat

wszystko to stopniowo zatapia się w proletariacie

**en partie parce que leur petit capital ne suffit pas à l'échelle
sur laquelle l'industrie moderne est exercée**

po części dlatego, że ich niewielki kapitał nie wystarcza na
skalę, na jaką rozwija się nowoczesny przemysł

**et parce qu'elle est submergée par la concurrence avec les
grands capitalistes**

i dlatego, że jest zatopiona w konkurencji z wielkimi
kapitalistami

**en partie parce que leur savoir-faire spécialisé est rendu sans
valeur par les nouvelles méthodes de production**

Częściowo dlatego, że ich wyspecjalizowane umiejętności
stają się bezwartościowe przez nowe metody produkcji
**Ainsi le prolétariat se recrute dans toutes les classes de la
population**
W ten sposób proletariat rekrutuje się ze wszystkich klas
ludności
Le prolétariat passe par différents stades de développement
Proletariat przechodzi przez różne stadia rozwoju
Avec sa naissance commence sa lutte contre la bourgeoisie
Wraz z jego narodzinami zaczyna się jego walka z burżuazją
**Dans un premier temps, la lutte est menée par des ouvriers
individuels**
Początkowo konkurs jest prowadzony przez indywidualnych
robotników
Ensuite, le concours est mené par les ouvriers d'une usine
Wtedy konkurs jest kontynuowany przez robotników fabryki
**Ensuite, la lutte est menée par les agents d'un métier, dans
une localité**
Wtedy zawody są prowadzone przez pracowników jednego
handlu, w jednej miejscowości
**et la lutte est alors contre la bourgeoisie individuelle qui les
exploite directement**
a walka toczy się wtedy przeciwko indywidualnej burżuazji,
która bezpośrednio ją wyzyskuje
**Ils ne dirigent pas leurs attaques contre les conditions de
production de la bourgeoisie**
Swoje ataki kierują nie przeciwko burżuazyjnym warunkom
produkcji
**mais ils dirigent leur attaque contre les instruments de
production eux-mêmes**
ale sam swój atak kierują przeciwko samym narzędziom
produkcji
**Ils détruisent les marchandises importées qui font
concurrence à leur main-d'œuvre**
Niszczą importowane towary, które konkurują z ich siłą
roboczą

Ils brisent les machines et mettent le feu aux usines

Rozbijają na kawałki maszyny i podpalają fabryki

ils cherchent à restaurer par la force le statut disparu de l'ouvrier du Moyen Âge

dążą do przywrócenia siłą utraconego statusu robotnika średniowiecza

À ce stade, les ouvriers forment encore une masse incohérente dispersée dans tout le pays

Na tym etapie robotnicy tworzą jeszcze niespójną masę, rozproszoną po całym kraju

et ils sont brisés par leur concurrence mutuelle

i rozbija ich wzajemna rywalizacja

S'ils s'unissent quelque part pour former des corps plus compacts, ce n'est pas encore la conséquence de leur propre union active

Jeśli gdziekolwiek łączą się, tworząc bardziej zwarte ciała, nie jest to jeszcze konsekwencją ich własnego aktywnego związku

mais c'est une conséquence de l'union de la bourgeoisie, d'atteindre ses propres fins politiques

ale jest to konsekwencja zjednoczenia burżuazji, aby osiągnąć swoje własne cele polityczne

la bourgeoisie est obligée de mettre en mouvement tout le prolétariat

burżuazja zmuszona jest wprawić w ruch cały proletariat

et d'ailleurs, pour un temps, la bourgeoisie est capable de le faire

a co więcej, na razie burżuazja jest w stanie to uczynić

À ce stade, les prolétaires ne combattent donc pas leurs ennemis

Na tym etapie więc proletariusze nie walczą ze swymi wrogami

mais au lieu de cela, ils combattent les ennemis de leurs ennemis

ale zamiast tego walczą z wrogami swoich wrogów

La lutte contre les vestiges de la monarchie absolue et les propriétaires terriens

Walka z pozostałościami monarchii absolutnej i właścicielami
ziemskimi
**ils combattent la bourgeoisie non industrielle ; la petite
bourgeoisie**
walczą z nieprzemysłową burżuazją; drobnomieszczaństwo
**Ainsi tout le mouvement historique est concentré entre les
mains de la bourgeoisie**
W ten sposób cały ruch historyczny skupia się w rękach
burżuazji
**chaque victoire ainsi obtenue est une victoire pour la
bourgeoisie**
każde zwycięstwo w ten sposób odniesione jest zwycięstwem
burżuazji
**Mais avec le développement de l'industrie, le prolétariat ne
se contente pas d'augmenter en nombre**
Ale wraz z rozwojem przemysłu proletariat nie tylko wzrasta
liczebnie
**le prolétariat se concentre en masses plus grandes et sa force
s'accroît**
proletariat skupia się w większych masach, a jego siła rośnie
et le prolétariat ressent de plus en plus cette force
a proletariat coraz bardziej odczuwa tę siłę
**Les divers intérêts et conditions de vie dans les rangs du
prolétariat sont de plus en plus égalisés**
Rozmaite interesy i warunki życia w szeregach proletariatu
coraz bardziej się wyrównują
**elles deviennent plus proportionnelles à mesure que les
machines effacent toutes les distinctions de travail**
Stają się one tym bardziej proporcjonalne, im bardziej
maszyny zacierają wszelkie różnice w pracy
**et les machines réduisent presque partout les salaires au
même bas niveau**
i maszyny prawie wszędzie obniżają płace do tego samego
niskiego poziomu

La concurrence croissante entre la bourgeoisie et les crises commerciales qui en résultent rendent les salaires des ouvriers de plus en plus fluctuants

Rosnąca konkurencja między burżuazją i wynikające z niej kryzysy handlowe sprawiają, że płace robotników stają się coraz bardziej zmienne

L'amélioration incessante des machines, qui se développe de plus en plus rapidement, rend leurs moyens d'existence de plus en plus précaires

Nieustanne doskonalenie maszyn, coraz szybciej się rozwijających, sprawia, że ich egzystencja staje się coraz bardziej niepewna

les collisions entre les ouvriers individuels et la bourgeoisie individuelle prennent de plus en plus le caractère de collisions entre deux classes

Zderzenia poszczególnych robotników z indywidualną burżuazją przybierają coraz bardziej charakter zderzeń między dwiema klasami

Là-dessus, les ouvriers commencent à former des associations (syndicats) contre la bourgeoisie

Wtedy robotnicy zaczynają tworzyć związki zawodowe przeciwko burżuazji

Ils s'associent pour maintenir le taux des salaires

Zrzeszają się, aby utrzymać poziom płac

Ils fondèrent des associations permanentes afin de pourvoir à l'avance à ces révoltes occasionnelles

Zakładali stałe stowarzyszenia, aby zawczasu zabezpieczyć się na te sporadyczne bunty

Ici et là, la lutte éclate en émeutes

Tu i ówdzie spór przeradza się w zamieszki

De temps en temps, les ouvriers sont victorieux, mais seulement pour un temps

Od czasu do czasu robotnicy odnoszą zwycięstwo, ale tylko na jakiś czas

Le vrai fruit de leurs luttes n'est pas dans le résultat
immédiat, mais dans l'union toujours plus grande des
travailleurs

Prawdziwy owoc ich walk leży nie w bezpośrednim wyniku,
ale w stale rozszerzającym się związku zawodowym
robotników

Cette union est favorisée par les moyens de communication
améliorés créés par l'industrie moderne

Związek ten jest wspierany przez ulepszone środki
komunikacji, które są tworzone przez nowoczesny przemysł

La communication moderne met en contact les travailleurs
de différentes localités les uns avec les autres

Nowoczesna komunikacja sprawia, że pracownicy z różnych
miejscowości stykają się ze sobą

C'était précisément ce contact qui était nécessaire pour
centraliser les nombreuses luttes locales en une lutte
nationale entre les classes

Właśnie ten kontakt był potrzebny, aby scentralizować liczne
walki lokalne w jedną narodową walkę między klasami

Toutes ces luttes sont du même caractère, et toute lutte de
classe est une lutte politique

Wszystkie te walki mają ten sam charakter, a każda walka
klasowa jest walką polityczną

les bourgeois du moyen âge, avec leurs misérables routes,
mettaient des siècles à former leurs syndicats

mieszczanie średniowiecza, ze swymi nędznymi drogami,
potrzebowali wieków, aby zawrzeć swoje związki

Les prolétaires modernes, grâce aux chemins de fer, réalisent
leurs syndicats en quelques années

Współcześni proletariusze, dzięki kolei, osiągają swoje
związki w ciągu kilku lat

Cette organisation des prolétaires en classe les a donc formés
en parti politique

Ta organizacja proletariuszy w klasę przekształciła ich w
partię polityczną

La classe politique est continuellement bouleversée par la concurrence entre les travailleurs eux-mêmes

Klasa polityczna jest ciągle na nowo wzburzana przez konkurencję między samymi robotnikami

Mais la classe politique continue de se soulever, plus forte, plus ferme, plus puissante

Ale klasa polityczna wciąż się odradza, silniejsza, mocniejsza, potężniejsza

Elle oblige la législation à reconnaître les intérêts particuliers des travailleurs

Zmusza ona ustawodawcze do uznania partykularnych interesów pracowników

il le fait en profitant des divisions au sein de la bourgeoisie elle-même

czyni to, wykorzystując podziały wśród samej burżuazji

C'est ainsi qu'en Angleterre fut promulguée la loi sur les dix heures

W ten sposób ustawa o 10 godzinach pracy w Anglii została wprowadzona w życie

à bien des égards, les collisions entre les classes de l'ancienne société sont en outre le cours du développement du prolétariat

Pod wieloma względami zderzenie klas starego społeczeństwa jest dalszym kierunkiem rozwoju proletariatu

La bourgeoisie se trouve engagée dans une bataille de tous les instants

Burżuazja jest uwikłana w nieustanną walkę

Dans un premier temps, il se trouvera impliqué dans une bataille constante avec l'aristocratie

Na początku będzie uwikłany w ciągłą walkę z arystokracją

plus tard, elle se trouvera engagée dans une lutte constante avec ces parties de la bourgeoisie elle-même

później znajdzie się w nieustannej walce z tymi częściami samej burżuazji

et leurs intérêts seront devenus antagonistes au progrès de l'industrie

a ich interesy staną się antagonistyczne wobec postępu
przemysłu
**à tout moment, leurs intérêts seront devenus antagonistes
avec la bourgeoisie des pays étrangers**
w każdym czasie ich interesy staną się antagonistyczne z
burżuazją obcych krajów
**Dans toutes ces batailles, elle se voit obligée de faire appel
au prolétariat et lui demande son aide**
We wszystkich tych bitwach czuje się zmuszona odwołać się
do proletariatu i prosi go o pomoc
**Et ainsi, il se sentira obligé de l'entraîner dans l'arène
politique**
A tym samym poczuje się zmuszony do wciągnięcia go na
arenę polityczną
**C'est pourquoi la bourgeoisie elle-même fournit au
prolétariat ses propres instruments d'éducation politique et
générale**
Sama więc burżuazja zaopatruje proletariat w własne
narzędzia wychowania politycznego i ogólnego
**c'est-à-dire qu'il fournit au prolétariat des armes pour
combattre la bourgeoisie**
innymi słowy, dostarcza proletariatowi broni do walki z
burżuazją
**De plus, comme nous l'avons déjà vu, des sections entières
des classes dominantes sont précipitées dans le prolétariat**
Dalej, jak już widzieliśmy, całe odłamy klas panujących
zostają wciągnięte do proletariatu
le progrès de l'industrie les aspire dans le prolétariat
postęp przemysłu wciąga ich w proletariat
**ou, du moins, ils sont menacés dans leurs conditions
d'existence**
A przynajmniej są zagrożone w swoich warunkach egzystencji
**Ceux-ci fournissent également au prolétariat de nouveaux
éléments d'illumination et de progrès**
Dostarczają one również proletariatowi nowych elementów
oświecenia i postępu

Enfin, à l'approche de l'heure décisive de la lutte des classes

Wreszcie, w czasach, gdy walka klasowa zbliża się do decydującej godziny

le processus de dissolution en cours au sein de la classe dirigeante

Proces rozpadu toczący się w klasie rządzącej

En fait, la dissolution en cours au sein de la classe dirigeante se fera sentir dans toute la société

W rzeczywistości rozpad klasy rządzącej będzie odczuwalny w całym społeczeństwie

Il prendra un caractère si violent et si flagrant qu'une petite partie de la classe dirigeante se laissera aller à la dérive

Przybierze ona tak gwałtowny, rażący charakter, że niewielka część klasy rządzącej odetnie się od dryfu

et que la classe dirigeante rejoindra la classe révolutionnaire

i że klasa rządząca przyłączy się do klasy rewolucyjnej

La classe révolutionnaire étant la classe qui tient l'avenir entre ses mains

Klasa rewolucyjna jest klasą, która trzyma przyszłość w swoich rękach

Comme à une époque antérieure, une partie de la noblesse passa dans la bourgeoisie

Podobnie jak we wcześniejszym okresie, część szlachty przeszła na stronę burżuazji

de la même manière qu'une partie de la bourgeoisie passera au prolétariat

w ten sam sposób część burżuazji przejdzie na stronę proletariatu

en particulier, une partie de la bourgeoisie passera à une partie des idéologues de la bourgeoisie

w szczególności część burżuazji przejdzie na stronę części ideologów burżuazji

Des idéologues bourgeois qui se sont élevés au niveau de la compréhension théorique du mouvement historique dans son ensemble

Ideolodzy burżuazji, którzy wznieśli się do poziomu
teoretycznego pojmowania ruchu historycznego jako całości
**De toutes les classes qui se trouvent aujourd'hui en face de
la bourgeoisie, seule le prolétariat est une classe vraiment
révolutionnaire**
Ze wszystkich klas, które dziś stoją twarzą w twarz z
burżuazją, tylko proletariat jest klasą prawdziwie rewolucyjną
**Les autres classes se dégradent et finissent par disparaître
devant l'industrie moderne**
Pozostałe klasy zanikają i ostatecznie znikają w obliczu
nowoczesnego przemysłu
le prolétariat est son produit spécial et essentiel
Proletariat jest jego szczególnym i istotnym produktem
**La petite bourgeoisie, le petit industriel, le commerçant,
l'artisan, le paysan**
Niższa klasa średnia, drobny fabrykant, sklepikarz,
rzemieślnik, chłop
toutes ces luttes contre la bourgeoisie
wszystkie te walki z burżuazją
**Ils se battent en tant que fractions de la classe moyenne pour
se sauver de l'extinction**
Walczą jako frakcje klasy średniej, aby uratować się przed
wyginięciem
Ils ne sont donc pas révolutionnaires, mais conservateurs
Nie są więc rewolucyjni, lecz konserwatywni
**Bien plus, ils sont réactionnaires, car ils essaient de faire
reculer la roue de l'histoire**
Co więcej, są reakcjonistami, ponieważ próbują cofnąć koło
historii
**Si par hasard ils sont révolutionnaires, ils ne le sont qu'en
vue de leur transfert imminent dans le prolétariat**
Jeśli przypadkiem są rewolucyjni, to tylko ze względu na
zbliżające się przejście do proletariatu
**Ils défendent ainsi non pas leurs intérêts présents, mais
leurs intérêts futurs**

W ten sposób bronią nie swoich obecnych, ale przyszłych interesów

ils désertent leur propre point de vue pour se placer à celui du prolétariat

porzucają swój własny punkt widzenia, aby postawić się na stanowisku proletariatu

La « classe dangereuse », la racaille sociale, cette masse en décomposition passive rejetée par les couches les plus basses de la vieille société

"Klasa niebezpieczna", szumowiny społeczne, ta biernie gnijąca masa wyrzucona przez najniższe warstwy starego społeczeństwa

Ils peuvent, ici et là, être entraînés dans le mouvement par une révolution prolétarienne

Tu i ówdzie mogą zostać wciągnięci do ruchu przez rewolucję proletariacką

Ses conditions de vie, cependant, le préparent beaucoup plus au rôle d'instrument soudoyé de l'intrigue réactionnaire

Warunki jego życia przygotowują go jednak o wiele bardziej do roli przekupionego narzędzia reakcyjnej intrygi

Dans les conditions du prolétariat, ceux de l'ancienne société dans son ensemble sont déjà virtuellement submergés

W warunkach proletariatu warunki starego społeczeństwa w ogóle są już praktycznie zalane

Le prolétaire est sans propriété

Proletariusz jest bez własności

ses rapports avec sa femme et ses enfants n'ont plus rien de commun avec les relations familiales de la bourgeoisie

jego stosunek do żony i dzieci nie ma już nic wspólnego z rodzinnymi stosunkami burżuazji

le travail industriel moderne, la sujétion moderne au capital, la même en Angleterre qu'en France, en Amérique comme en Allemagne

nowoczesna praca przemysłowa, nowoczesne
podporządkowanie kapitałowi, takie samo w Anglii jak we
Francji, w Ameryce jak i w Niemczech
**Sa condition dans la société l'a dépouillé de toute trace de
caractère national**
Jego pozycja społeczna odarła go z wszelkich śladów
charakteru narodowego
**La loi, la morale, la religion, sont pour lui autant de préjugés
bourgeois**
Prawo, moralność, religia są dla niego tyloma przesądami
burżuazji
**et derrière ces préjugés se cachent en embuscade autant
d'intérêts bourgeois**
a za tymi przesądami się równie wiele interesów burżuazji
**Toutes les classes précédentes, qui ont pris le dessus, ont
cherché à fortifier leur statut déjà acquis**
Wszystkie poprzednie klasy, które uzyskały przewagę, starały
się umocnić swój już zdobyty status
**Ils l'ont fait en soumettant la société dans son ensemble à
leurs conditions d'appropriation**
Zrobili to, podporządkowując całe społeczeństwo swoim
warunkom zawłaszczenia
**Les prolétaires ne peuvent pas devenir maîtres des forces
productives de la société**
Proletariusze nie mogą stać się panami sił wytwórczych
społeczeństwa
**elle ne peut le faire qu'en abolissant son propre mode
d'appropriation antérieur**
Może to uczynić jedynie poprzez zniesienie własnego
dotychczasowego sposobu zawłaszczania
**et par là même elle abolit tout autre mode d'appropriation
antérieur**
a tym samym znosi również każdy inny poprzedni sposób
zawłaszczania
Ils n'ont rien à eux pour s'assurer et se fortifier

Nie mają nic własnego, co mogliby zabezpieczyć i
ufortyfikować

**Leur mission est de détruire toutes les sûretés antérieures et
les assurances de biens individuels**

Ich misją jest zniszczenie wszystkich dotychczasowych
zabezpieczeń i ubezpieczeń majątku indywidualnego

**Tous les mouvements historiques antérieurs étaient des
mouvements de minorités**

Wszystkie poprzednie ruchy historyczne były ruchami
mniejszości

**ou bien il s'agissait de mouvements dans l'intérêt des
minorités**

albo były to ruchy w interesie mniejszości

**Le mouvement prolétarien est le mouvement conscient et
indépendant de l'immense majorité**

Ruch proletariacki jest samoświadomym, niezależnym ruchem
ogromnej większości

Et c'est un mouvement dans l'intérêt de l'immense majorité

Jest to ruch w interesie ogromnej większości

Le prolétariat, couche la plus basse de notre société actuelle

Proletariat, najniższa warstwa naszego obecnego
społeczeństwa

**elle ne peut ni s'agiter ni s'élever sans que toutes les couches
supérieures de la société officielle ne soient soulevées en
l'air**

Nie może się poruszyć ani podnieść, dopóki nie wyskoczy w
powietrze wszystkie nadrzędne warstwy oficjalnego
społeczeństwa

**Loin d'être dans le fond, mais dans la forme, la lutte du
prolétariat contre la bourgeoisie est d'abord une lutte
nationale**

Walka proletariatu z burżuazją, choć nie w istocie, ale nie w
formie, jest z początku walką narodową

**Le prolétariat de chaque pays doit, bien entendu, régler
d'abord ses affaires avec sa propre bourgeoisie**

Proletariat każdego kraju musi oczywiście przede wszystkim
załatwić sprawy ze swoją burżuazją

**En décrivant les phases les plus générales du
développement du prolétariat, nous avons retracé la guerre
civile plus ou moins voilée**

Przedstawiając najogólniejsze fazy rozwoju proletariatu,
prześledziliśmy mniej lub bardziej zawoalowaną wojnę
domową

Ce civil fait rage au sein de la société existante

To obywatelskie szaleje w istniejącym społeczeństwie

**Elle fera rage jusqu'au point où cette guerre éclatera en
révolution ouverte**

Będzie szaleć aż do momentu, w którym ta wojna przerodzi
się w otwartą rewolucję

**et alors le renversement violent de la bourgeoisie jette les
bases de l'emprise du prolétariat**

a następnie gwałtowne obalenie burżuazji kładzie podwaliny
pod panowanie proletariatu

**Jusqu'à présent, toute forme de société a été fondée, comme
nous l'avons déjà vu, sur l'antagonisme des classes
oppressives et opprimées**

Dotychczas, jak już widzieliśmy, każda forma społeczeństwa
opierała się na antagonizmie klas uciskających i uciskanych

**Mais pour opprimer une classe, il faut lui assurer certaines
conditions**

Lecz aby uciskać jakąś klasę, trzeba jej zapewnić pewne
warunki

**La classe doit être maintenue dans des conditions dans
lesquelles elle peut, au moins, continuer son existence
servile**

Klasa ta musi być utrzymywana w warunkach, w których
może przynajmniej kontynuować swoją niewolniczą
egzystencję

**Le serf, à l'époque du servage, s'élevait lui-même au rang
d'adhérent à la commune**

Chłop pańszczyźniany w okresie pańszczyzny awansował na członka gminy

de même que la petite bourgeoisie, sous le joug de l'absolutisme féodal, a réussi à se développer en bourgeoisie

tak jak drobnomieszczaństwo, pod jarzmem feudalnego absolutyzmu, zdołało rozwinąć się w burżuazję

L'ouvrier moderne, au contraire, au lieu de s'élever avec les progrès de l'industrie, s'enfonce de plus en plus profondément

Współczesny robotnik, przeciwnie, zamiast wzrastać wraz z postępem przemysłu, pogrąża się coraz głębiej i głębiej

il s'enfonce au-dessous des conditions d'existence de sa propre classe

stacza się poniżej warunków egzystencji własnej klasy

Il devient pauvre, et le paupérisme se développe plus rapidement que la population et la richesse

Staje się nędzarzem, a pauperyzm rozwija się szybciej niż populacja i bogactwo

Et c'est là qu'il devient évident que la bourgeoisie n'est plus apte à être la classe dominante dans la société

I tu staje się oczywiste, że burżuazja nie nadaje się już dłużej do bycia klasą panującą w społeczeństwie

et elle n'est pas digne d'imposer ses conditions d'existence à la société comme une loi prépondérante

i nie nadaje się do narzucania społeczeństwu swoich warunków egzystencji jako nadrzędnego prawa

Il est inapte à gouverner parce qu'il est incompétent pour assurer une existence à son esclave dans son esclavage

Nie nadaje się do rządzenia, ponieważ nie jest w stanie zapewnić egzystencji swemu niewolnikowi w jego niewoli

parce qu'il ne peut s'empêcher de le laisser sombrer dans un tel état, qu'il doit le nourrir, au lieu d'être nourri par lui

ponieważ nie może nic poradzić na to, by pogrążył się w takim stanie, że musi go karmić, zamiast być przez niego karmionym

La société ne peut plus vivre sous cette bourgeoisie

Społeczeństwo nie może dłużej żyć pod rządami tej burżuazji

En d'autres termes, son existence n'est plus compatible avec la société

Innymi słowy, jego istnienie nie jest już zgodne ze społeczeństwem

La condition essentielle de l'existence et de l'influence de la classe bourgeoise est la formation et l'accroissement du capital

Zasadniczym warunkiem istnienia i panowania klasy burżuazyjnej jest tworzenie i pomnażanie kapitału

La condition du capital, c'est le salariat-travail

Warunkiem kapitału jest praca najemna

Le travail salarié repose exclusivement sur la concurrence entre les travailleurs

Praca najemna opiera się wyłącznie na konkurencji między robotnikami

Le progrès de l'industrie, dont le promoteur involontaire est la bourgeoisie, remplace l'isolement des ouvriers

Postęp przemysłu, którego mimowolnym promotorem jest burżuazja, zastępuje izolację robotników

en raison de la concurrence, en raison de leur combinaison révolutionnaire, en raison de l'association

ze względu na konkurencję, ze względu na ich rewolucyjne połączenie, ze względu na skojarzenia

Le développement de l'industrie moderne lui coupe sous les pieds les fondements mêmes sur lesquels la bourgeoisie produit et s'approprie les produits

Rozwój nowoczesnego przemysłu podcina mu spod nóg fundament, na którym burżuazja wytwarza i przywłaszcza sobie produkty

Ce que la bourgeoisie produit avant tout, ce sont ses propres fossoyeurs

Burżuazja produkuje przede wszystkim własnych grabarzy

La chute de la bourgeoisie et la victoire du prolétariat sont également inévitables

Upadek burżuazji i zwycięstwo proletariatu są równie
nieuniknione

Prolétaires et communistes
Proletariusze i komuniści

**Quel est le rapport des communistes vis-à-vis de l'ensemble
des prolétaires ?**
W jakim stosunku stoją komuniści do proletariuszy jako
całości?
**Les communistes ne forment pas un parti séparé opposé aux
autres partis de la classe ouvrière**
Komuniści nie tworzą odrębnej partii w opozycji do innych
partii robotniczych
**Ils n'ont pas d'intérêts séparés de ceux du prolétariat dans
son ensemble**
Nie mają oni żadnych interesów odrębnych i odrębnych od
interesów proletariatu jako całości
**Ils n'établissent pas de principes sectaires qui leur soient
propres pour façonner et modeler le mouvement prolétarien**
Nie ustanawiają oni żadnych własnych sekciarskich zasad,
według których mogliby kształtować i formować ruch
proletariacki
**Les communistes ne se distinguent des autres partis ouvriers
que par deux choses**
Komuniści różnią się od innych partii robotniczych tylko
dwiema rzeczami
**Premièrement, ils signalent et mettent en avant les intérêts
communs de l'ensemble du prolétariat, indépendamment de
toute nationalité**
Po pierwsze, wskazują i wysuwają na pierwszy plan wspólne
interesy całego proletariatu, niezależnie od wszystkich
narodowości
**C'est ce qu'ils font dans les luttes nationales des prolétaires
des différents pays**

Czynią to w walkach narodowych proletariuszy różnych krajów

Deuxièmement, ils représentent toujours et partout les intérêts du mouvement dans son ensemble

Po drugie, zawsze i wszędzie reprezentują interesy ruchu jako całości

c'est ce qu'ils font dans les différents stades de développement par lesquels doit passer la lutte de la classe ouvrière contre la bourgeoisie

Czynią to w różnych stadiach rozwoju, przez które musi przejść walka klasy robotniczej z burżuazją

Les communistes sont donc, d'une part, pratiquement, la section la plus avancée et la plus résolue des partis ouvriers de tous les pays

Komuniści są więc z jednej strony, praktycznie najbardziej postępową i zdecydowaną sekcją partii robotniczych każdego kraju

Ils sont cette section de la classe ouvrière qui pousse en avant toutes les autres

Są tą częścią klasy robotniczej, która popycha do przodu wszystkie inne

Théoriquement, ils ont aussi l'avantage de bien comprendre la ligne de marche

Teoretycznie mają też tę zaletę, że dobrze rozumieją linię marszu

C'est ce qu'ils comprennent mieux par rapport à la grande masse du prolétariat

Rozumieją to lepiej w porównaniu z wielkimi masami proletariatu

Ils comprennent les conditions et les résultats généraux ultimes du mouvement prolétarien

Rozumieją oni warunki i ostateczne ogólne rezultaty ruchu proletariackiego

Le but immédiat du Parti communiste est le même que celui de tous les autres partis prolétariens

Bezpośredni cel komunistów jest taki sam, jak wszystkich innych partii proletariackich

Leur but est la formation du prolétariat en classe

Ich celem jest uformowanie proletariatu w klasę

ils visent à renverser la suprématie de la bourgeoisie

dążą do obalenia supremacji burżuazji

la conquête du pouvoir politique par le prolétariat

dążenie do zdobycia władzy politycznej przez proletariat

Les conclusions théoriques des communistes ne sont nullement basées sur des idées ou des principes de réformateurs

Teoretyczne wnioski komunistów nie są w żaden sposób oparte na ideach czy zasadach reformatorów

ce ne sont pas des prétendus réformateurs universels qui ont inventé ou découvert les conclusions théoriques des communistes

to nie niedoszli uniwersalni reformatorzy wymyślili lub odkryli teoretyczne wnioski komunistów

Ils ne font qu'exprimer, en termes généraux, des rapports réels qui naissent d'une lutte de classe existante

Wyrażają one jedynie, w ogólnych kategoriach, rzeczywiste stosunki wynikające z istniejącej walki klasowej

Et ils décrivent le mouvement historique qui se déroule sous nos yeux et qui a créé cette lutte des classes

Opisują one historyczny ruch, który rozgrywa się na naszych oczach, a który stworzył tę walkę klasową

L'abolition des rapports de propriété existants n'est pas du tout un trait distinctif du communisme

Zniesienie istniejących stosunków własności nie jest wcale charakterystyczną cechą komunizmu

Dans le passé, toutes les relations de propriété ont été continuellement sujettes à des changements historiques

Wszystkie stosunki własnościowe w przeszłości podlegały nieustannym zmianom historycznym

et ces changements ont été consécutifs au changement des conditions historiques

Zmiany te wynikały ze zmiany warunków historycznych

La Révolution française, par exemple, a aboli la propriété féodale au profit de la propriété bourgeoise

Na przykład Rewolucja Francuska zniosła własność feudalną na rzecz własności burżuazyjnej

Le trait distinctif du communisme n'est pas l'abolition de la propriété, en général

Cechą wyróżniającą komunizm nie jest zniesienie własności, ogólnie rzecz biorąc

mais le trait distinctif du communisme, c'est l'abolition de la propriété bourgeoise

ale cechą wyróżniającą komunizm jest zniesienie własności burżuazyjnej

Mais la propriété privée de la bourgeoisie moderne est l'expression ultime et la plus complète du système de production et d'appropriation des produits

Ale współczesna burżuazja własności prywatnej jest ostatecznym i najpełniejszym wyrazem systemu produkcji i przywłaszczania sobie produktów

C'est l'état final d'un système basé sur les antagonismes de classe, où l'antagonisme de classe est l'exploitation du plus grand nombre par quelques-uns

Jest to ostateczny stan systemu opartego na antagonizmach klasowych, gdzie antagonizm klasowy jest wyzyskiem wielu przez nielicznych

En ce sens, la théorie des communistes peut se résumer en une seule phrase ; l'abolition de la propriété privée

W tym sensie teorię komunistów można streścić w jednym zdaniu; zniesienie własności prywatnej

On nous a reproché, à nous communistes, de vouloir abolir le droit d'acquérir personnellement des biens

Nam, komunistom, zarzucano pragnienie zniesienia prawa do osobistego nabywania własności

On prétend que cette propriété est le fruit du travail de l'homme

Twierdzi się, że ta właściwość jest owocem własnej pracy człowieka

et cette propriété est censée être le fondement de toute liberté, de toute activité et de toute indépendance individuelles.

A ta własność jest rzekomo podstawą wszelkiej osobistej wolności, aktywności i niezależności.

« Propriété durement gagnée, auto-acquise, auto-gagnée ! »

"Ciężko zdobyta, zdobyta przez siebie, własnoręcznie zarobiona własność!"

Voulez-vous dire la propriété du petit artisan et du petit paysan ?

Czy masz na myśli własność drobnego rzemieślnika i drobnego chłopa?

Voulez-vous parler d'une forme de propriété qui a précédé la forme bourgeoise ?

Czy masz na myśli formę własności, która poprzedzała formę burżuazji?

Il n'est pas nécessaire de l'abolir, le développement de l'industrie l'a déjà détruit dans une large mesure

Nie ma potrzeby tego znosić, rozwój przemysłu już go w dużej mierze zniszczył

et le développement de l'industrie continue de la détruire chaque jour

a rozwój przemysłu wciąż go niszczy z dnia na dzień

Ou voulez-vous parler de la propriété privée de la bourgeoisie moderne ?

A może masz na myśli współczesną burżuazyjną własność prywatną?

Mais le travail salarié crée-t-il une propriété pour l'ouvrier ?

Ale czy praca najemna tworzy jakąś własność dla robotnika?

Non, le travail salarié ne crée pas une parcelle de ce genre de propriété !

Nie, praca najemna nie tworzy ani odrobiny tego rodzaju własności!

Ce que le travail salarié crée, c'est du capital ; ce genre de propriété qui exploite le travail salarié

To, co tworzy praca najemna, to kapitał; ten rodzaj własności, który wyzyskuje pracę najemną

Le capital ne peut s'accroître qu'à la condition d'engendrer une nouvelle offre de travail salarié pour une nouvelle exploitation

Kapitał nie może się pomnażać, chyba że pod warunkiem zrodzenia nowej podaży pracy najemnej dla nowego wyzysku

La propriété, dans sa forme actuelle, est fondée sur l'antagonisme du capital et du salariat

Własność w swej obecnej formie opiera się na antagonizmie kapitału i pracy najemnej

Examinons les deux côtés de cet antagonisme

Przyjrzyjmy się obu stronom tego antagonizmu

Être capitaliste, ce n'est pas seulement avoir un statut purement personnel

Być kapitalistą to nie tylko mieć czysto osobisty status

Au contraire, être capitaliste, c'est aussi avoir un statut social dans la production

Zamiast tego, być kapitalistą to także mieć status społeczny w produkcji

parce que le capital est un produit collectif ; Ce n'est que par l'action unie de nombreux membres qu'elle peut être mise en branle

ponieważ kapitał jest produktem kolektywnym; Tylko dzięki zjednoczonemu działaniu wielu członków może ona zostać wprawiona w ruch

Mais cette action unie n'est qu'un dernier recours, et nécessite en fait tous les membres de la société

Ale to zjednoczone działanie jest ostatecznością i w rzeczywistości wymaga wszystkich członków społeczeństwa

Le capital est converti en propriété de tous les membres de la société

Kapitał zamienia się we własność wszystkich członków społeczeństwa

mais le Capital n'est donc pas une puissance personnelle ; c'est un pouvoir social

ale kapitał nie jest więc władzą osobistą; Jest to siła społeczna

Ainsi, lorsque le capital est converti en propriété sociale, la propriété personnelle n'est pas pour autant transformée en propriété sociale

Tak więc, gdy kapitał zamienia się we własność społeczną, własność osobista nie przekształca się w własność społeczną

Ce n'est que le caractère social de la propriété qui est modifié et qui perd son caractère de classe

Zmienia się tylko społeczny charakter własności i traci ona swój klasowy charakter

Regardons maintenant le travail salarié

Spójrzmy teraz na pracę najemną

Le prix moyen du salariat est le salaire minimum, c'est-à-dire le quantum des moyens de subsistance

Przeciętną ceną pracy najemnej jest płaca minimalna, tj. kwantura środków utrzymania

Ce salaire est absolument nécessaire dans la simple existence d'un ouvrier

Ta płaca jest absolutnie niezbędna w gołej egzystencji robotnika

Ce que le salarié s'approprie par son travail ne suffit donc qu'à prolonger et à reproduire une existence nue

To, co więc robotnik najemny przywłaszcza sobie za pomocą swojej pracy, wystarcza jedynie do przedłużenia i odtworzenia gołej egzystencji

Nous n'avons nullement l'intention d'abolir cette appropriation personnelle des produits du travail

Nie zamierzamy bynajmniej znieść tego osobistego przywłaszczania sobie produktów pracy

une appropriation qui est faite pour le maintien et la reproduction de la vie humaine

przywłaszczenie przeznaczone na utrzymanie i reprodukcję życia ludzkiego

Une telle appropriation personnelle des produits du travail ne laisse pas de surplus pour commander le travail d'autrui

Takie osobiste przywłaszczanie sobie produktów pracy nie pozostawia żadnej nadwyżki, którą można by rozporządzać pracą innych

Tout ce que nous voulons supprimer, c'est le caractère misérable de cette appropriation

Jedyne, czego chcemy się pozbyć, to nędzny charakter tego zawłaszczenia

l'appropriation dont vit l'ouvrier dans le seul but d'augmenter son capital

przywłaszczenie, pod którym żyje robotnik tylko po to, by pomnażać kapitał

Il n'est autorisé à vivre que dans la mesure où l'intérêt de la classe dominante l'exige

Wolno mu żyć tylko w takim zakresie, w jakim wymaga tego interes klasy rządzącej

Dans la société bourgeoise, le travail vivant n'est qu'un moyen d'augmenter le travail accumulé

W społeczeństwie burżuazyjnym żywa praca jest tylko środkiem do zwiększenia nagromadzonej pracy

Dans la société communiste, le travail accumulé n'est qu'un moyen d'élargir, d'enrichir, de promouvoir l'existence de l'ouvrier

W społeczeństwie komunistycznym nagromadzona praca jest tylko środkiem do poszerzania, wzbogacania się, popierania egzystencji robotnika

C'est pourquoi, dans la société bourgeoise, le passé domine le présent

W społeczeństwie burżuazyjnym przeszłość panuje więc nad teraźniejszością

dans la société communiste, le présent domine le passé

w społeczeństwie komunistycznym teraźniejszość dominuje nad przeszłością

Dans la société bourgeoise, le capital est indépendant et a une individualité

W społeczeństwie burżuazyjnym kapitał jest niezależny i posiada indywidualność

Dans la société bourgeoise, la personne vivante est dépendante et n'a pas d'individualité

W społeczeństwie burżuazyjnym żywa osoba jest zależna i nie ma indywidualności

Et l'abolition de cet état de choses est appelée par la bourgeoisie l'abolition de l'individualité et de la liberté !

A zniesienie tego stanu rzeczy burżuazja nazywa zniesieniem indywidualności i wolności!

Et c'est à juste titre qu'on l'appelle l'abolition de l'individualité et de la liberté !

I słusznie nazywa się to zniesieniem indywidualności i wolności!

Le communisme vise à l'abolition de l'individualité bourgeoise

Komunizm dąży do zniesienia burżuazyjnej indywidualności

Le communisme veut l'abolition de l'indépendance de la bourgeoisie

Komunizm dąży do zniesienia niezależności burżuazji

La liberté de la bourgeoisie est sans aucun doute ce que vise le communisme

Wolność burżuazji jest niewątpliwie tym, do czego dąży komunizm

dans les conditions actuelles de production de la bourgeoisie, la liberté signifie le libre-échange, la liberté de vendre et d'acheter

w obecnych burżuazyjnych warunkach produkcji wolność oznacza wolny handel, wolną sprzedaż i kupno

Mais si la vente et l'achat disparaissent, la vente et l'achat gratuits disparaissent également

Ale jeśli znika sprzedawanie i kupowanie, znika również swobodna sprzedaż i kupno

Les « paroles courageuses » de la bourgeoisie sur la vente et l'achat libres n'ont qu'un sens limité

"Odważne słowa" burżuazji o wolnej sprzedaży i kupnie mają znaczenie tylko w ograniczonym sensie

Ces mots n'ont de sens que par opposition à la vente et à l'achat restreints

Słowa te mają znaczenie tylko w przeciwieństwie do ograniczonej sprzedaży i kupna

et ces mots n'ont de sens que lorsqu'ils s'appliquent aux marchands enchaînés du moyen âge

Słowa te mają sens tylko wtedy, gdy odnoszą się do spętanych kupców średniowiecza

et cela suppose que ces mots aient même un sens dans un sens bourgeois

i to zakłada, że słowa te mają nawet znaczenie w sensie burżuazyjnym

mais ces mots n'ont aucun sens lorsqu'ils sont utilisés pour s'opposer à l'abolition communiste de l'achat et de la vente

ale te słowa nie mają żadnego znaczenia, gdy są używane do przeciwstawiania się komunistycznemu zniesieniu kupna i sprzedaży

les mots n'ont pas de sens lorsqu'ils sont utilisés pour s'opposer à l'abolition des conditions de production de la bourgeoisie

słowa te nie mają żadnego znaczenia, gdy są używane do przeciwstawienia się zniesieniu burżuazyjnych warunków produkcji

et ils n'ont aucun sens lorsqu'ils sont utilisés pour s'opposer à l'abolition de la bourgeoisie elle-même

i nie mają żadnego znaczenia, gdy są używane do sprzeciwiania się obaleniu samej burżuazji

Vous êtes horrifiés par notre intention d'en finir avec la propriété privée

Jesteście przerażeni tym, że zamierzamy zlikwidować własność prywatną

Mais dans votre société actuelle, la propriété privée est déjà abolie pour les neuf dixièmes de la population

Ale w waszym obecnym społeczeństwie własność prywatna została już zniesiona dla dziewięciu dziesiątych populacji

L'existence d'une propriété privée pour quelques-uns est uniquement due à sa non-existence entre les mains des neuf dixièmes de la population

Istnienie własności prywatnej dla nielicznych wynika wyłącznie z tego, że nie istnieje ona w rękach dziewięciu dziesiątych populacji

Vous nous reprochez donc d'avoir l'intention de supprimer une forme de propriété

Zarzucacie nam więc, że zamierzamy pozbyć się pewnej formy własności

Mais la propriété privée nécessite l'inexistence de toute propriété pour l'immense majorité de la société

Ale własność prywatna wymaga nieistnienia jakiejkolwiek własności dla ogromnej większości społeczeństwa

En un mot, vous nous reprochez d'avoir l'intention de vous débarrasser de vos biens

Jednym słowem zarzucasz nam, że zamierzamy pozbyć się twojej własności

Et c'est précisément le cas ; se débarrasser de votre propriété est exactement ce que nous avons l'intention de faire

I tak właśnie jest; pozbycie się Twojej własności jest dokładnie tym, co zamierzamy

À partir du moment où le travail ne peut plus être converti en capital, en argent ou en rente

Od momentu, w którym praca nie może być już zamieniona na kapitał, pieniądz lub rentę

quand le travail ne peut plus être converti en un pouvoir social monopolisé

kiedy praca nie może być już przekształcona w siłę społeczną dającą się zmonopolizować

à partir du moment où la propriété individuelle ne peut plus être transformée en propriété bourgeoise

od momentu, w którym własność indywidualna nie może być już przekształcona we własność burżuazyjną

à partir du moment où la propriété individuelle ne peut plus être transformée en capital

od momentu, w którym własność indywidualna nie może być już przekształcona w kapitał

À partir de ce moment-là, vous dites que l'individualité s'évanouit

Od tego momentu mówisz, że indywidualność znika

Vous devez donc avouer que par « individu » vous n'entendez personne d'autre que la bourgeoisie

Musicie więc wyznać, że przez "jednostkę" rozumiecie nie nikogo innego, jak tylko burżuazję

Vous devez avouer qu'il s'agit spécifiquement du propriétaire de la classe moyenne

Musicie przyznać, że odnosi się to konkretnie do właściciela nieruchomości z klasy średniej

Cette personne doit, en effet, être balayée et rendue impossible

Osoba ta musi być usunięta z drogi i uniemożliwiona

Le communisme ne prive personne du pouvoir de s'approprier les produits de la société

Komunizm nie pozbawia nikogo władzy przywłaszczania sobie wytworów społeczeństwa

tout ce que fait le communisme, c'est de le priver du pouvoir de subjuguer le travail d'autrui au moyen d'une telle appropriation

wszystko, co robi komunizm, to pozbawienie go władzy podporządkowania sobie pracy innych za pomocą takiego zawłaszczenia

On a objecté qu'avec l'abolition de la propriété privée, tout travail cesserait

Sprzeciwiano się, że po zniesieniu własności prywatnej ustanie wszelka praca

et il est alors suggéré que la paresse universelle nous rattrapera

Sugeruje się wtedy, że dopadnie nas powszechne lenistwo

D'après cela, il y a longtemps que la société bourgeoise
aurait dû aller aux chiens par pure oisiveté
Zgodnie z tym społeczeństwo burżuazyjne już dawno
powinno było zejść na psy przez zwykłe próżniactwo
parce que ceux de ses membres qui travaillent, n'acquièrent
rien
ponieważ ci z jego członków, którzy pracują, nie zdobywają
niczego
et ceux de ses membres qui acquièrent quoi que ce soit, ne
travaillent pas
a ci z jego członków, którzy cokolwiek zdobywają, nie pracują
L'ensemble de cette objection n'est qu'une autre expression
de la tautologie
Cały ten zarzut jest tylko kolejnym wyrazem tautologii
Il ne peut plus y avoir de travail salarié quand il n'y a plus
de capital
Nie może już być pracy najemnej, gdy nie ma już kapitału
Il n'y a pas de différence entre les produits matériels et les
produits mentaux
Nie ma różnicy między produktami materialnymi a
wytworami psychicznymi
Le communisme propose que les deux soient produits de la
même manière
Komunizm proponuje, że oba te elementy są produkowane w
ten sam sposób
mais les objections contre les modes communistes de
production sont les mêmes
ale zarzuty przeciwko komunistycznym sposobom ich
wytwarzania są takie same
pour la bourgeoisie, la disparition de la propriété de classe
est la disparition de la production elle-même
Dla burżuazji zanik własności klasowej jest zanikiem samej
produkcji
Ainsi, la disparition de la culture de classe est pour lui
identique à la disparition de toute culture

Tak więc zanik kultury klasowej jest dla niego tożsamy ze
zniknięciem wszelkiej kultury

**Cette culture, dont il déplore la perte, n'est pour l'immense
majorité qu'un simple entraînement à agir comme une
machine**

Ta kultura, nad której utratą ubolewa, jest dla ogromnej
większości zwykłym treningiem do działania jak maszyna

**Les communistes ont bien l'intention d'abolir la culture de
la propriété bourgeoise**

Komuniści bardzo zamierzają obalić kulturę burżuazyjnej
własności

**Mais ne vous querellez pas avec nous tant que vous
appliquez les normes de vos notions bourgeoises de liberté,
de culture, de droit, etc**

Ale nie kłóćcie się z nami tak długo, jak długo stosujecie
standardy waszych burżuazyjnych pojęć wolności, kultury,
prawa itd

**Vos idées mêmes ne sont que le résultat des conditions de
votre production bourgeoise et de la propriété bourgeoise**

Same wasze idee są tylko wytworem warunków waszej
burżuazyjnej produkcji i burżuazyjnej własności

**de même que votre jurisprudence n'est que la volonté de
votre classe érigée en loi pour tous**

tak jak wasza jurysprudzja jest tylko wolą waszej klasy, która
została przekształcona w prawo dla wszystkich

**Le caractère essentiel et l'orientation de cette volonté sont
déterminés par les conditions économiques créées par votre
classe sociale**

Zasadniczy charakter i kierunek tej woli są zdeterminowane
przez warunki ekonomiczne, jakie stwarza wasza klasa
społeczna

**L'idée fausse égoïste qui vous pousse à transformer les
formes sociales en lois éternelles de la nature et de la raison**

Samolubne błędne przekonanie, które skłania cię do
przekształcania form społecznych w wieczne prawa natury i
rozumu

les formes sociales qui découlent de votre mode de production et de votre forme de propriété actuels

Formy społeczne wyrastające z waszego obecnego sposobu produkcji i formy własności

des rapports historiques qui naissent et disparaissent dans le progrès de la production

Historyczne stosunki, które powstają i zanikają w postępie produkcji

cette idée fausse que vous partagez avec toutes les classes dirigeantes qui vous ont précédés

To błędne przekonanie dzielicie z każdą klasą rządzącą, która was poprzedziła

Ce que vous voyez clairement dans le cas de la propriété ancienne, ce que vous admettez dans le cas de la propriété féodale

To, co widzisz wyraźnie w przypadku własności starożytnej, co przyznajesz w przypadku własności feudalnej

ces choses, il vous est bien entendu interdit de les admettre dans le cas de votre propre forme de propriété bourgeoise

Do tych rzeczy nie wolno wam oczywiście przyznawać się w przypadku waszej własnej, burżuazyjnej formy własności

Abolition de la famille ! Même les plus radicaux s'enflamment devant cette infâme proposition des communistes

Zniesienie rodziny! Nawet najbardziej radykalni wybuchają na tę haniebną propozycję komunistów

Sur quelle base se fonde la famille actuelle, la famille bourgeoise ?

Na jakim fundamencie opiera się obecna rodzina, rodzina burżuazyjna?

La fondation de la famille actuelle est basée sur le capital et le gain privé

Fundament obecnej rodziny opiera się na kapitale i prywatnym zysku

Sous sa forme complètement développée, cette famille n'existe que dans la bourgeoisie

W swej całkowicie rozwiniętej formie rodzina ta istnieje tylko wśród burżuazji

Cet état de choses trouve son complément dans l'absence pratique de la famille chez les prolétaires

Dopełnieniem tego stanu rzeczy jest praktyczna nieobecność rodziny wśród proletariuszy

Cet état de choses se retrouve dans la prostitution publique

Taki stan rzeczy można znaleźć w publicznej prostytucji

La famille bourgeoise disparaîtra d'office quand son effectif disparaîtra

Rodzina burżuazyjna zniknie jako rzecz oczywista, gdy zniknie jej dopełnienie

et l'une et l'autre s'évanouiront avec la disparition du capital

i obie te rzeczy znikną wraz ze zniknięciem kapitału

Nous accusez-vous de vouloir mettre fin à l'exploitation des enfants par leurs parents ?

Czy zarzuca nam Pan, że chcemy powstrzymać wykorzystywanie dzieci przez ich rodziców?

Nous plaidons coupables de ce crime

Do tej zbrodni przyznajemy się

Mais, direz-vous, on détruit les relations les plus sacrées, quand on remplace l'éducation à domicile par l'éducation sociale

Ale, powiecie, niszczymy najświętsze stosunki, kiedy zastępujemy edukację domową edukacją społeczną

Votre éducation n'est-elle pas aussi sociale ? Et n'est-elle pas déterminée par les conditions sociales dans lesquelles vous éduquez ?

Czy twoje wykształcenie nie jest również społeczne? A czyż nie są one zdeterminowane warunkami społecznymi, w jakich się kształcicie?

par l'intervention, directe ou indirecte, de la société, par le biais de l'école, etc.

poprzez bezpośrednią lub pośrednią interwencję społeczeństwa, szkół itp.

Les communistes n'ont pas inventé l'intervention de la société dans l'éducation

Komuniści nie wymyślili interwencji społeczeństwa w edukację

ils ne cherchent qu'à modifier le caractère de cette intervention

Dążą one jedynie do zmiany charakteru tej interwencji

et ils cherchent à sauver l'éducation de l'influence de la classe dirigeante

i starają się uratować edukację przed wpływami klasy rządzącej

La bourgeoisie parle de la relation sacrée du parent et de l'enfant

Burżuazja mówi o uświęconym współzwiązku rodzica i dziecka

mais ce baratin sur la famille et l'éducation devient d'autant plus répugnant quand on regarde l'industrie moderne

ale ta pułapka na temat rodziny i edukacji staje się jeszcze bardziej obrzydliwa, gdy spojrzymy na Współczesny Przemysł

Tous les liens familiaux entre les prolétaires sont déchirés par l'industrie moderne

Wszystkie więzy rodzinne między proletariuszami są rozrywane przez nowoczesny przemysł

Leurs enfants sont transformés en simples objets de commerce et en instruments de travail

Ich dzieci stają się prostymi przedmiotami handlu i narzędziami pracy

Mais vous, communistes, vous créeriez une communauté de femmes, crie en chœur toute la bourgeoisie

Ale wy, komuniści, stworzylibyście wspólnotę kobiet, krzyczy chórem cała burżuazja

La bourgeoisie ne voit en sa femme qu'un instrument de production

Burżuazja widzi w żonie jedynie narzędzie produkcji

Il entend dire que les instruments de production doivent être exploités par tous

Słyszy, że narzędzia produkcji mają być eksploatowane przez wszystkich

et, naturellement, il ne peut arriver à aucune autre conclusion que celle d'être commun à tous retombera également sur les femmes

I, naturalnie, nie może dojść do innego wniosku niż ten, że los bycia wspólnym dla wszystkich przypadnie również kobietom

Il ne soupçonne même pas qu'il s'agit en fait d'en finir avec le statut de la femme en tant que simple instrument de production

Nie podejrzewa nawet, że prawdziwym celem jest zniesienie statusu kobiet jako zwykłych narzędzi produkcji

Du reste, rien n'est plus ridicule que l'indignation vertueuse de notre bourgeoisie contre la communauté des femmes

Co do reszty, nie ma nic śmieszniejszego niż cnotliwe oburzenie naszej burżuazji na wspólnotę kobiet

ils prétendent qu'elle doit être établie ouvertement et officiellement par les communistes

udają, że jest ona jawnie i oficjalnie ustanowiona przez komunistów

Les communistes n'ont pas besoin d'introduire la communauté des femmes, elle existe depuis des temps immémoriaux

Komuniści nie mają potrzeby wprowadzania wspólnoty kobiet, istnieje ona niemal od niepamiętnych czasów

Notre bourgeoisie ne se contente pas d'avoir à sa disposition les femmes et les filles de ses prolétaires

Nasza burżuazja nie zadowala się tym, że ma do dyspozycji żony i córki swoich proletariuszy

Ils prennent le plus grand plaisir à séduire les femmes de l'autre

Największą przyjemność sprawia im uwodzenie nawzajem swoich żon

Et cela ne parle même pas des prostituées ordinaires
Nie mówiąc już o pospolitych prostytutkach
Le mariage bourgeois est en réalité un système d'épouses en commun
Małżeństwo burżuazyjne jest w rzeczywistości systemem wspólnych żon
puis il y a une chose qu'on pourrait peut-être reprocher aux communistes
Jest jeszcze jedna rzecz, którą można by zarzucić komunistom
Ils souhaitent introduire une communauté de femmes ouvertement légalisée
Pragną wprowadzić otwarcie zalegalizowaną wspólnotę kobiet
plutôt qu'une communauté de femmes hypocritement dissimulée
a nie obłudnie skrywana wspólnota kobiet
la communauté des femmes issues du système de production
Wspólnota kobiet wyrastająca z systemu produkcji
Abolissez le système de production, et vous abolissez la communauté des femmes
Zlikwidujcie system produkcji, a zlikwidujecie wspólnotę kobiet
La prostitution publique est abolie et la prostitution privée
Zniesiona zostaje zarówno prostytucja publiczna, jak i prywatna
On reproche en outre aux communistes de vouloir abolir les pays et les nationalités
Komunistom zarzuca się ponadto, że dążą do zniesienia państw i narodowości
Les travailleurs n'ont pas de patrie, nous ne pouvons donc pas leur prendre ce qu'ils n'ont pas
Robotnicy nie mają ojczyzny, więc nie możemy im odebrać tego, czego nie dostali
Le prolétariat doit d'abord acquérir la suprématie politique
Proletariat musi przede wszystkim zdobyć przewagę polityczną

Le prolétariat doit s'élever pour être la classe dirigeante de la nation
Proletariat musi wyrosnąć na klasę przywódczą narodu
Le prolétariat doit se constituer en nation
Proletariat musi ukonstytuować się jako naród
elle est, jusqu'à présent, elle-même nationale, mais pas dans le sens bourgeois du mot
jest ona jak dotąd sama narodowa, choć nie w burżuazyjnym znaczeniu tego słowa
Les différences nationales et les antagonismes entre les peuples s'estompent chaque jour davantage
Różnice i antagonizmy narodowe między narodami zanikają z dnia na dzień coraz bardziej
grâce au développement de la bourgeoisie, à la liberté du commerce, au marché mondial
dzięki rozwojowi burżuazji, wolności handlu, rynkowi światowemu
à l'uniformité du mode de production et des conditions de vie qui y correspondent
jednolitości sposobu produkcji i odpowiadających mu warunków życia
La suprématie du prolétariat les fera disparaître encore plus vite
Panowanie proletariatu spowoduje, że znikną oni jeszcze szybciej
L'action unie, du moins dans les principaux pays civilisés, est une des premières conditions de l'émancipation du prolétariat
Zjednoczone działanie, przynajmniej wiodących krajów cywilizowanych, jest jednym z pierwszych warunków wyzwolenia proletariatu
Dans la mesure où l'exploitation d'un individu par un autre prendra fin, l'exploitation d'une nation par une autre prendra également fin à

W miarę jak kończy się wyzysk jednego narodu przez drugi, położy się również kres wyzyskowi jednego narodu przez drugi

À mesure que l'antagonisme entre les classes à l'intérieur de la nation disparaîtra, l'hostilité d'une nation envers une autre prendra fin

W miarę jak zanikają antagonizmy między klasami wewnątrz narodu, kończy się wrogość jednego narodu do drugiego

Les accusations portées contre le communisme d'un point de vue religieux, philosophique et, en général, idéologique, ne méritent pas d'être examinées sérieusement

Zarzuty stawiane komunizmowi z religijnego, filozoficznego i w ogóle ideologicznego punktu widzenia nie zasługują na poważną analizę

Faut-il une intuition profonde pour comprendre que les idées, les vues et les conceptions de l'homme changent à chaque changement dans les conditions de son existence matérielle ?

Czy potrzeba głębokiej intuicji, aby pojąć, że idee, poglądy i koncepcje człowieka zmieniają się wraz z każdą zmianą warunków jego materialnej egzystencji?

N'est-il pas évident que la conscience de l'homme change lorsque ses relations sociales et sa vie sociale changent ?

Czyż nie jest rzeczą oczywistą, że świadomość człowieka zmienia się, gdy zmieniają się jego stosunki społeczne i życie społeczne?

Qu'est-ce que l'histoire des idées prouve d'autre, sinon que la production intellectuelle change de caractère à mesure que la production matérielle se modifie ?

Czegóż innego dowodzi historia idei, jeśli nie tego, że produkcja intelektualna zmienia swój charakter w miarę jak zmienia się produkcja materialna?

Les idées dominantes de chaque époque ont toujours été les idées de sa classe dirigeante

Idee rządzące każdej epoki zawsze były ideami klasy rządzącej

Quand on parle d'idées qui révolutionnent la société, on n'exprime qu'un seul fait
Kiedy ludzie mówią o ideach, które rewolucjonizują społeczeństwo, wyrażają tylko jeden fakt
Au sein de l'ancienne société, les éléments d'une nouvelle société ont été créés
W starym społeczeństwie powstały elementy nowego
et que la dissolution des vieilles idées va de pair avec la dissolution des anciennes conditions d'existence
i że rozpad starych idei dotrzymuje kroku rozkładowi starych warunków bytu
Lorsque le monde antique était dans ses dernières affresses, les anciennes religions ont été vaincues par le christianisme
Kiedy starożytny świat przeżywał swój ostatni upadek, starożytne religie zostały pokonane przez chrześcijaństwo
Lorsque les idées chrétiennes ont succombé au XVIIIe siècle aux idées rationalistes, la société féodale a mené une bataille à mort contre la bourgeoisie alors révolutionnaire
Kiedy w XVIII wieku idee chrześcijańskie uległy ideom racjonalistycznym, społeczeństwo feudalne stoczyło śmiertelną walkę z rewolucyjną wówczas burżuazją
Les idées de liberté religieuse et de liberté de conscience n'ont fait qu'exprimer l'emprise de la libre concurrence dans le domaine de la connaissance
Idee wolności religijnej i wolności sumienia dały jedynie wyraz wpływowi wolnej konkurencji w dziedzinie wiedzy
« Sans doute, dira-t-on, les idées religieuses, morales, philosophiques et juridiques ont été modifiées au cours du développement historique »
Ktoś powie, że "niewątpliwie idee religijne, moralne, filozoficzne i prawne ulegały zmianom w ciągu rozwoju historycznego"
Mais la religion, la morale, la philosophie, la science politique et le droit ont constamment survécu à ce changement.

"Jednak religia, moralność, filozofia, nauki polityczne i prawo, nieustannie przetrwały tę zmianę"

« Il y a aussi des vérités éternelles, telles que la Liberté, la Justice, etc. »

"Istnieją również wieczne prawdy, takie jak Wolność, Sprawiedliwość itp."

« Ces vérités éternelles sont communes à tous les états de la société »

"Te wieczne prawdy są wspólne dla wszystkich stanów społecznych"

« Mais le communisme abolit les vérités éternelles, il abolit toute religion et toute morale »

"Ale komunizm znosi wieczne prawdy, znosi wszelką religię i wszelką moralność"

« il fait cela au lieu de les constituer sur une nouvelle base »

"Robi to, zamiast tworzyć je na nowych podstawach"

« Elle agit donc en contradiction avec toute l'expérience historique passée »

"Działa zatem w sprzeczności z całym przeszłym doświadczeniem historycznym"

À quoi se réduit cette accusation ?

Do czego sprowadza się to oskarżenie?

L'histoire de toute la société passée a consisté dans le développement d'antagonismes de classe

Historia całego minionego społeczeństwa polegała na rozwoju przeciwieństw klasowych

antagonismes qui ont pris des formes différentes selon les époques

antagonizmy, które przybierały różne formy w różnych epokach

Mais quelle que soit la forme qu'ils aient prise, un fait est commun à tous les âges passés

Bez względu jednak na to, jaką formę przybrały, jeden fakt jest wspólny dla wszystkich minionych wieków

l'exploitation d'une partie de la société par l'autre

wyzysk jednej części społeczeństwa przez drugą

Il n'est donc pas étonnant que la conscience sociale des âges passés se meuve à l'intérieur de certaines formes communes ou d'idées générales

Nic więc dziwnego, że świadomość społeczna minionych wieków porusza się w obrębie pewnych pospolitych form lub ogólnych idei

(et ce, malgré toute la multiplicité et la variété qu'il affiche)

(i to pomimo całej mnogości i różnorodności, jaką prezentuje)

et ceux-ci ne peuvent disparaître complètement qu'avec la disparition totale des antagonismes de classe

A te nie mogą zniknąć zupełnie, chyba że wraz z całkowitym zanikiem przeciwieństw klasowych

La révolution communiste est la rupture la plus radicale avec les rapports de propriété traditionnels

Rewolucja komunistyczna jest najbardziej radykalnym zerwaniem z tradycyjnymi stosunkami własności

Il n'est donc pas étonnant que son développement implique la rupture la plus radicale avec les idées traditionnelles

Nic dziwnego, że jego rozwój wiąże się z najbardziej radykalnym zerwaniem z tradycyjnymi ideami

Mais finissons-en avec les objections de la bourgeoisie contre le communisme

Ale skończmy z burżuazyjnymi zarzutami wobec komunizmu

Nous avons vu plus haut le premier pas de la révolution de la classe ouvrière

Widzieliśmy powyżej pierwszy krok w rewolucji klasy robotniczej

Le prolétariat doit être élevé à la position de dirigeant, pour gagner la bataille de la démocratie

Proletariat musi zostać podniesiony do pozycji panującej, aby wygrać bitwę o demokrację

Le prolétariat usera de sa suprématie politique pour arracher peu à peu tout le capital à la bourgeoisie

Proletariat wykorzysta swoją polityczną supremację, aby stopniowo wyrwać burżuazji cały kapitał

elle centralisera tous les instruments de production entre les mains de l'État

scentralizuje wszystkie instrumenty produkcji w rękach państwa

En d'autres termes, le prolétariat s'est organisé en classe dominante

Innymi słowy, proletariat zorganizował się jako klasa panująca

et elle augmentera le plus rapidement possible le total des forces productives

i zwiększy sumę sił wytwórczych tak szybko, jak to możliwe

Bien sûr, au début, cela ne peut se faire qu'au moyen d'incursions despotiques dans les droits de propriété

Oczywiście, na początku nie można tego dokonać inaczej, jak tylko za pomocą despotycznych ingerencji w prawa własności

et elle doit être réalisée dans les conditions de la production bourgeoise

i musi być osiągnięta na warunkach burżuazyjnej produkcji

Elle est donc réalisée au moyen de mesures qui semblent économiquement insuffisantes et intenables

Osiąga się to zatem za pomocą środków, które z ekonomicznego punktu widzenia wydają się niewystarczające i niemożliwe do utrzymania

mais ces moyens, dans le cours du mouvement, se dépassent d'eux-mêmes

Ale te środki, w trakcie ruchu, wyprzedzają same siebie

elles nécessitent de nouvelles incursions dans l'ancien ordre social

Wymuszają one dalsze ingerencje w stary porządek społeczny

et ils sont inévitables comme moyen de révolutionner entièrement le mode de production

i są nieuniknione jako środek do całkowitego zrewolucjonizowania sposobu produkcji

Ces mesures seront bien sûr différentes selon les pays

Środki te będą oczywiście różne w różnych krajach

Néanmoins, dans les pays les plus avancés, ce qui suit sera
assez généralement applicable
Niemniej jednak w najbardziej rozwiniętych krajach
następujące zasady będą miały dość ogólne zastosowanie
1. L'abolition de la propriété foncière et l'affectation de
toutes les rentes foncières à des fins publiques.
1. Zniesienie własności gruntów i przeznaczenie wszystkich
rent gruntowych na cele publiczne.
2. Un impôt sur le revenu progressif ou progressif lourd.
2. Wysoki progresywny lub progresywny podatek
dochodowy.
3. Abolition de tout droit d'héritage.
3. Zniesienie wszelkich praw dziedziczenia.
4. Confiscation des biens de tous les émigrés et rebelles.
4. Konfiskata majątku wszystkich emigrantów i buntowników.
5. Centralisation du crédit entre les mains de l'État, au
moyen d'une banque nationale à capital d'État et monopole
exclusif.
5. Centralizacja kredytu w rękach państwa za pomocą banku
narodowego z kapitałem państwowym i wyłącznym
monopolem.
6. Centralisation des moyens de communication et de
transport entre les mains de l'État.
6. Centralizacja środków komunikacji i transportu w rękach
państwa.
7. Extension des usines et des instruments de production
appartenant à l'État
7. Rozbudowa fabryk i urządzeń produkcji będących
własnością państwa
la mise en culture des terres incultes, et l'amélioration du sol
en général d'après un plan commun.
zagospodarowanie nieużytków i poprawa stanu gleby na ogół
zgodnie ze wspólnym planem.
8. Responsabilité égale de tous vis-à-vis du travail
8. Równa odpowiedzialność wszystkich wobec pracy

Mise en place d'armées industrielles, notamment pour l'agriculture.

Tworzenie armii przemysłowych, zwłaszcza dla rolnictwa.

9. Combinaison de l'agriculture et des industries manufacturières

9. Połączenie rolnictwa z przemysłem wytwórczym

l'abolition progressive de la distinction entre la ville et la campagne, par une répartition plus égale de la population sur le territoire.

stopniowe zniesienie różnicy między miastem a wsią przez bardziej równomierne rozmieszczenie ludności na wsi.

10. Gratuité de l'éducation pour tous les enfants dans les écoles publiques.

10. Bezpłatna edukacja dla wszystkich dzieci w szkołach publicznych.

Abolition du travail des enfants dans les usines sous sa forme actuelle

Zniesienie pracy dzieci w fabrykach w obecnej formie

Combinaison de l'éducation et de la production industrielle

Połączenie edukacji z produkcją przemysłową

Quand, au cours du développement, les distinctions de classe ont disparu

Kiedy w toku rozwoju zniknęły różnice klasowe

et quand toute la production aura été concentrée entre les mains d'une vaste association de toute la nation

i kiedy cała produkcja została skoncentrowana w rękach ogromnego stowarzyszenia całego narodu

alors la puissance publique perdra son caractère politique

Wtedy władza publiczna straci swój polityczny charakter

Le pouvoir politique, proprement dit, n'est que le pouvoir organisé d'une classe pour en opprimer une autre

Władza polityczna, w ścisłym tego słowa znaczeniu, jest tylko zorganizowaną władzą jednej klasy w celu uciskania drugiej

Si le prolétariat, dans sa lutte contre la bourgeoisie, est contraint, par la force des choses, de s'organiser en classe

Jeżeli proletariat w czasie walki z burżuazją zmuszony jest siłą okoliczności do zorganizowania się jako klasa

si, par une révolution, elle se fait la classe dominante

jeśli za pomocą rewolucji uczyni z siebie klasę panującą

et, en tant que telle, elle balaie par la force les anciennes conditions de production

i jako taka siłą zmiata stare warunki produkcji

alors, avec ces conditions, elle aura balayé les conditions d'existence des antagonismes de classes et des classes en général

Wtedy wraz z tymi warunkami zmiecie ona warunki istnienia przeciwieństw klasowych i klas w ogóle

et aura ainsi aboli sa propre suprématie en tant que classe.

i w ten sposób zniesie swoją własną supremację jako klasa.

A la place de l'ancienne société bourgeoise, avec ses classes et ses antagonismes de classes, nous aurons une association

W miejsce starego społeczeństwa burżuazyjnego, z jego klasami i przeciwieństwami klasowymi, będziemy mieli stowarzyszenie

une association dans laquelle le libre développement de chacun est la condition du libre développement de tous

stowarzyszenie, w którym swobodny rozwój każdego jest warunkiem swobodnego rozwoju wszystkich

1) Le socialisme réactionnaire
1) Reakcyjny socjalizm

a) Le socialisme féodal
a) Socjalizm feudalny

les aristocraties de France et d'Angleterre avaient une position historique unique
arystokracja Francji i Anglii miała wyjątkową pozycję historyczną
c'est devenu leur vocation d'écrire des pamphlets contre la société bourgeoise moderne
Ich powołaniem stało się pisanie pamfletów przeciwko nowoczesnemu społeczeństwu burżuazyjnemu
Dans la révolution française de juillet 1830 et dans l'agitation réformiste anglaise
W rewolucji francuskiej lipca 1830 r. i w angielskiej agitacji reformatorskiej
Ces aristocraties succombèrent de nouveau à l'odieux parvenu
Arystokracje te ponownie uległy znienawidzonemu parweniuszowi
Dès lors, il n'était plus question d'une lutte politique sérieuse
Odtąd poważna walka polityczna nie wchodziła w rachubę
Tout ce qui restait possible, c'était une bataille littéraire, pas une véritable bataille
Jedyne, co pozostało możliwe, to bitwa literacka, a nie prawdziwa bitwa
Mais même dans le domaine de la littérature, les vieux cris de la période de la restauration étaient devenus impossibles
Ale nawet w dziedzinie literatury dawne krzyki z okresu restauracji stały się niemożliwe
Pour s'attirer la sympathie, l'aristocratie était obligée de perdre de vue, semble-t-il, ses propres intérêts

Aby wzbudzić sympatię, arystokracja musiała stracić z oczu
własne interesy

**et ils ont été obligés de formuler leur réquisitoire contre la
bourgeoisie dans l'intérêt de la classe ouvrière exploitée**

i byli zmuszeni sformułować swój akt oskarżenia przeciwko
burżuazji w interesie wyzyskiwanej klasy robotniczej

**C'est ainsi que l'aristocratie prit sa revanche en chantant des
pamphlets sur son nouveau maître**

W ten sposób arystokracja zemściła się, śpiewając paszkwile
na swojego nowego pana

**et ils prirent leur revanche en lui murmurant à l'oreille de
sinistres prophéties de catastrophe à venir**

i zemścili się, szepcząc mu do uszu złowrogie proroctwa o
nadchodzącej katastrofie

**C'est ainsi qu'est né le socialisme féodal : moitié
lamentation, moitié moquerie**

W ten sposób powstał socjalizm feudalny: na poły lament, na
poły paszkwil

**Il sonnait comme un demi-écho du passé, et projetait une
demi-menace de l'avenir**

Rozbrzmiewało jak na wpół echo przeszłości, a na wpół
widmo przyszłości

**parfois, par sa critique acerbe, spirituelle et incisive, il
frappait la bourgeoisie au plus profond de lui-même**

niekiedy swoją gorzką, dowcipną i przenikliwą krytyką
uderzała burżuazję do głębi

**mais elle a toujours été ridicule dans son effet, par
l'incapacité totale de comprendre la marche de l'histoire
moderne**

ale zawsze było to śmieszne w skutkach, przez całkowitą
niezdolność do zrozumienia marszu nowożytnej historii

**L'aristocratie, pour rallier le peuple à elle, agitait le sac
d'aumône prolétarien en guise de bannière**

Arystokracja, aby zjednoczyć lud wokół siebie, wymachiwała
proletariacką torbą jałmużny przed sobą po sztandar

Mais le peuple, toutes les fois qu'il se joignait à lui, voyait sur son arrière-train les anciennes armoiries féodales

Lud zaś, ilekroć się do nich przyłączał, widział na tylnych stronach stare feudalne herby

et ils désertèrent avec des rires bruyants et irrévérencieux

i odeszli z głośnym i lekceważącym śmiechem

Une partie des légitimistes français et de la « Jeune Angleterre » offrit ce spectacle

Jedna z sekcji francuskich legitymistów i "Młodej Anglii" wystawiła ten spektakl

les féodaux ont fait remarquer que leur mode d'exploitation était différent de celui de la bourgeoisie

feudałowie wskazywali, że ich sposób wyzysku jest inny niż burżuazji

Les féodaux oublient qu'ils ont exploité dans des circonstances et des conditions tout à fait différentes

Feudałowie zapominają, że wyzyskiwali w zupełnie innych okolicznościach i warunkach

Et ils n'ont pas remarqué que de telles méthodes d'exploitation sont maintenant désuètes

I nie zauważyli, że takie metody wyzysku są już przestarzałe

Ils ont montré que, sous leur domination, le prolétariat moderne n'a jamais existé

Pokazali, że pod ich rządami nowoczesny proletariat nigdy nie istniał

mais ils oublient que la bourgeoisie moderne est le produit nécessaire de leur propre forme de société

Zapominają jednak, że współczesna burżuazja jest koniecznym potomstwem ich własnej formy społeczeństwa

Pour le reste, ils dissimulent à peine le caractère réactionnaire de leur critique

Co do reszty, z trudem ukrywają reakcyjny charakter swojej krytyki

Leur principale accusation contre la bourgeoisie se résume à ceci

Ich główny zarzut wobec burżuazji sprowadza się do tego, co następuje

sous le régime bourgeois, une classe sociale se développe

w ustroju burżuazyjnym rozwija się klasa społeczna

Cette classe sociale est destinée à découper de fond en comble l'ancien ordre de la société

Przeznaczeniem tej klasy społecznej jest zapuszczenie korzeni i rozgałęzienie starego porządku społecznego

Ce qu'ils reprochent à la bourgeoisie, ce n'est pas tant qu'elle crée un prolétariat

To, co ganią burżuazję, to nie tyle to, że tworzy ona proletariat

ce qu'ils reprochent à la bourgeoisie, c'est plutôt de créer un prolétariat révolutionnaire

to, co ganią burżuazję, to tym bardziej, że tworzy ona rewolucyjny proletariat

Dans la pratique politique, ils se joignent donc à toutes les mesures coercitives contre la classe ouvrière

Dlatego w praktyce politycznej przyłączają się oni do wszelkich środków przymusu przeciwko klasie robotniczej

Et dans la vie ordinaire, malgré leurs phrases hautaines, ils s'abaissent à ramasser les pommes d'or tombées de l'arbre de l'industrie

A w zwykłym życiu, pomimo swoich górnolotnych frazesów, pochylają się, by podnieść złote jabłka upuszczone z drzewa przemysłu

et ils troquent la vérité, l'amour et l'honneur contre le commerce de la laine, du sucre de betterave et de l'eau-de-vie de pommes de terre

Wymieniają też prawdę, miłość i honor na handel wełną, cukrem buraczanym i spirytusem ziemniaczanym

De même que le pasteur a toujours marché main dans la main avec le propriétaire foncier, il en a été de même du socialisme clérical et du socialisme féodal

Tak jak proboszcz zawsze szedł ręka w rękę z właścicielem ziemskim, tak socjalizm klerykalny z socjalizmem feudalnym

Rien n'est plus facile que de donner à l'ascétisme chrétien une teinte socialiste

Nie ma nic prostszego niż nadać chrześcijańskiej ascezie socjalistyczne zabarwienie

Le christianisme n'a-t-il pas déclamé contre la propriété privée, contre le mariage, contre l'État ?

Czyż chrześcijaństwo nie wypowiadało się przeciwko własności prywatnej, przeciwko małżeństwu, przeciwko państwu?

Le christianisme n'a-t-il pas prêché à la place de la charité et de la pauvreté ?

Czyż chrześcijaństwo nie nauczało w ich miejsce miłości bliźniego i ubóstwa?

Le christianisme ne prêche-t-il pas le célibat et la mortification de la chair, de la vie monastique et de l'Église mère ?

Czyż chrześcijaństwo nie głosi celibatu i umartwienia ciała, życia monastycznego i Matki Kościoła?

Le socialisme chrétien n'est que l'eau bénite avec laquelle le prêtre consacre les brûlures du cœur de l'aristocrate

Chrześcijański socjalizm jest tylko wodą święconą, którą ksiądz uświęca palące serce arystokraty

b) Le socialisme petit-bourgeois
b) Socjalizm drobnomieszczański

L'aristocratie féodale n'est pas la seule classe ruinée par la bourgeoisie
Arystokracja feudalna nie była jedyną klasą, która została zrujnowana przez burżuazję
ce n'était pas la seule classe dont les conditions d'existence languissaient et périssaient dans l'atmosphère de la société bourgeoise moderne
Nie była to jedyna klasa, której warunki egzystencji tęskniły i ginęły w atmosferze nowoczesnego społeczeństwa burżuazyjnego
Les bourgeois médiévaux et les petits propriétaires paysans ont été les précurseurs de la bourgeoisie moderne
Średniowieczne mieszczaństwo i drobni chłopi byli prekursorami nowożytnego mieszczaństwa
Dans les pays peu développés, tant au point de vue industriel que commercial, ces deux classes végètent encore côte à côte
W krajach słabo rozwiniętych pod względem przemysłowym i handlowym te dwie klasy wegetują jeszcze obok siebie
et pendant ce temps, la bourgeoisie se lève à côté d'eux : industriellement, commercialement et politiquement
a tymczasem obok nich powstaje burżuazja: przemysłowo, handlowo i politycznie
Dans les pays où la civilisation moderne s'est pleinement développée, une nouvelle classe de petite bourgeoisie s'est formée
W krajach, w których cywilizacja nowożytna stała się w pełni rozwinięta, ukształtowała się nowa klasa drobnomieszczaństwa
cette nouvelle classe sociale oscille entre le prolétariat et la bourgeoisie
ta nowa klasa społeczna oscyluje między proletariatem a burżuazją

et elle se renouvelle sans cesse en tant que partie
supplémentaire de la société bourgeoise
i wciąż się odnawia jako uzupełniająca część społeczeństwa
burżuazyjnego
**Cependant, les membres individuels de cette classe sont
constamment précipités dans le prolétariat**
Poszczególni członkowie tej klasy są jednak nieustannie
spychani w proletariat
**ils sont aspirés par le prolétariat par l'action de la
concurrence**
Są one zasysane przez proletariat poprzez działanie
konkurencji
**Au fur et à mesure que l'industrie moderne se développe, ils
voient même approcher le moment où ils disparaîtront
complètement en tant que section indépendante de la société
moderne**
Wraz z rozwojem nowoczesnego przemysłu widzą nawet
zbliżający się moment, w którym całkowicie znikną jako
niezależna część nowoczesnego społeczeństwa
**ils seront remplacés, dans les manufactures, l'agriculture et
le commerce, par des surveillants, des huissiers et des
boutiquiers**
W manufakturach, rolnictwie i handlu zastąpią ich dozorcy,
komornicy i sklepikarze
**Dans des pays comme la France, où les paysans représentent
bien plus de la moitié de la population**
W krajach takich jak Francja, gdzie chłopi stanowią znacznie
więcej niż połowę ludności
**il était naturel qu'il y ait des écrivains qui se rangent du côté
du prolétariat contre la bourgeoisie**
było rzeczą naturalną, że znaleźli się pisarze, którzy stanęli po
stronie proletariatu przeciwko burżuazji
**dans leur critique du régime bourgeois, ils utilisaient
l'étendard de la bourgeoisie paysanne et de la petite
bourgeoisie**

w krytyce ustroju burżuazyjnego posługiwali się sztandarem
chłopskim i drobnomieszczaństwa

**et, du point de vue de ces classes intermédiaires, ils
prennent le relais de la classe ouvrière**

Z punktu widzenia tych klas pośrednich przejmują pałki dla
klasy robotniczej

**C'est ainsi qu'est né le socialisme petit-bourgeois, dont
Sismondi était le chef de cette école, non seulement en
France, mais aussi en Angleterre**

W ten sposób powstał socjalizm drobnomieszczański, którego
Sismondi był szefem tej szkoły, nie tylko we Francji, ale i w
Anglii

**Cette école du socialisme a disséqué avec une grande acuité
les contradictions des conditions de la production moderne**

Ta szkoła socjalizmu z wielką wnikliwością analizowała
sprzeczności w warunkach nowoczesnej produkcji

Cette école a mis à nu les excuses hypocrites des économistes

Szkoła ta obnażyła obłudne przeprosiny ekonomistów

**Cette école prouva sans conteste les effets désastreux du
machinisme et de la division du travail**

Szkoła ta dowiodła niezaprzeczalnie zgubnych skutków
maszyn i podziału pracy

**elle prouvait la concentration du capital et de la terre entre
quelques mains**

Dowodziło to koncentracji kapitału i ziemi w rękach
nielicznych

**elle a prouvé comment la surproduction conduit à des crises
bourgeoises**

dowiodła, jak nadprodukcja prowadzi do kryzysów burżuazji

**il soulignait la ruine inévitable de la petite bourgeoisie et
des paysans**

wskazywał na nieuchronną ruinę drobnomieszczaństwa i
chłopstwa

**la misère du prolétariat, l'anarchie de la production, les
inégalités criantes dans la répartition des richesses**

nędza proletariatu, anarchia w produkcji, rażące nierówności
w podziale bogactwa

**Il a montré comment le système de production mène la
guerre industrielle d'extermination entre les nations**
Pokazała, w jaki sposób system produkcji prowadzi
przemysłową wojnę eksterminacyjną między narodami

**la dissolution des vieux liens moraux, des vieilles relations
familiales, des vieilles nationalités**
Rozpad starych więzów moralnych, starych stosunków
rodzinnych, starych narodowości

**Dans ses objectifs positifs, cependant, cette forme de
socialisme aspire à réaliser l'une des deux choses suivantes**
Jednak w swoich pozytywnych celach ta forma socjalizmu
dąży do osiągnięcia jednej z dwóch rzeczy

**soit elle vise à restaurer les anciens moyens de production et
d'échange**
albo ma na celu przywrócenie starych środków produkcji i
wymiany

**et avec les anciens moyens de production, elle rétablirait les
anciens rapports de propriété et l'ancienne société**
A przy starych środkach produkcji przywróciłoby dawne
stosunki własności i stare społeczeństwo

**ou bien elle vise à enfermer les moyens modernes de
production et d'échange dans l'ancien cadre des rapports de
propriété**
albo też dąży do wtłoczenia nowoczesnych środków produkcji
i wymiany w stare ramy stosunków własności

**Dans un cas comme dans l'autre, elle est à la fois
réactionnaire et utopique**
W obu przypadkach jest ona zarówno reakcyjna, jak i utopijna

**Ses derniers mots sont : guildes corporatives pour la
fabrication, relations patriarcales dans l'agriculture**
Jego ostatnie słowa brzmią: korporacyjne cechy
manufakturowe, patriarchalne stosunki w rolnictwie

**En fin de compte, lorsque les faits historiques obstinés ont
dispersé tous les effets enivrants de l'auto-tromperie**

Ostatecznie, gdy uparte fakty historyczne rozproszyły
wszystkie odurzające skutki samooszukiwania się
**cette forme de socialisme se termina par un misérable accès
de pitié**
ta forma socjalizmu zakończyła się żałosnym napadem litości

c) Le socialisme allemand, ou « vrai »
c) Socjalizm niemiecki lub "prawdziwy"

La littérature socialiste et communiste de France est née sous la pression d'une bourgeoisie au pouvoir
Literatura socjalistyczna i komunistyczna Francji powstała pod naciskiem burżuazji u władzy
Et cette littérature était l'expression de la lutte contre ce pouvoir
I ta literatura była wyrazem walki z tą potęgą
elle a été introduite en Allemagne à une époque où la bourgeoisie venait de commencer sa lutte contre l'absolutisme féodal
Została ona wprowadzona do Niemiec w czasie, gdy burżuazja dopiero zaczynała walkę z feudalnym absolutyzmem
Les philosophes allemands, les prétendus philosophes et les beaux esprits, s'emparèrent avidement de cette littérature
Niemieccy filozofowie, niedoszli filozofowie i beaux esprits skwapliwie sięgali po tę literaturę
mais ils oubliaient que les écrits avaient émigré de France en Allemagne sans apporter avec eux les conditions sociales françaises
Zapomnieli jednak, że pisma te wyemigrowały z Francji do Niemiec, nie przynosząc ze sobą francuskich warunków społecznych
Au contact des conditions sociales allemandes, cette littérature française perd toute sa signification pratique immédiate
W zetknięciu z niemieckimi warunkami społecznymi literatura francuska utraciła całe swoje bezpośrednie znaczenie praktyczne
et la littérature communiste de France a pris un aspect purement littéraire dans les cercles académiques allemands
a literatura komunistyczna Francji nabrała w niemieckich kręgach akademickich aspektu czysto literackiego

Ainsi, les exigences de la première Révolution française n'étaient rien d'autre que les exigences de la « raison pratique »

Tak więc żądania pierwszej Rewolucji Francuskiej nie były niczym więcej niż żądaniami "Rozumu Praktycznego"

et l'expression de la volonté de la bourgeoisie française révolutionnaire signifiait à leurs yeux la loi de la volonté pure

a wypowiedzenie woli rewolucyjnej burżuazji francuskiej oznaczało w ich oczach prawo czystej woli

il signifiait la Volonté telle qu'elle devait être ; de la vraie Volonté humaine en général

oznaczało to wolę taką, jaka być musiała być; prawdziwej ludzkiej woli na ogół

Le monde des lettrés allemands ne consistait qu'à mettre les nouvelles idées françaises en harmonie avec leur ancienne conscience philosophique

Świat niemieckich literatów polegał wyłącznie na doprowadzeniu nowych francuskich idei do harmonii z ich starożytnym sumieniem filozoficznym

ou plutôt, ils ont annexé les idées françaises sans déserter leur propre point de vue philosophique

a raczej zaanektowali francuskie idee, nie porzucając własnego filozoficznego punktu widzenia

Cette annexion s'est faite de la même manière que l'on s'approprie une langue étrangère, c'est-à-dire par la traduction

Aneksja ta odbyła się w taki sam sposób, w jaki przywłaszcza się język obcy, a mianowicie przez tłumaczenie

Il est bien connu comment les moines ont écrit des vies stupides de saints catholiques sur des manuscrits

Powszechnie wiadomo, jak mnisi pisali głupie żywoty katolickich świętych na rękopisach

les manuscrits sur lesquels les œuvres classiques de l'ancien paganisme avaient été écrites

manuskrypty, na których napisano klasyczne dzieła
starożytnego pogaństwa

Les lettrés allemands ont inversé ce processus avec la littérature française profane

Niemieccy literaci odwrócili ten proces za pomocą świeckiej literatury francuskiej

Ils ont écrit leurs absurdités philosophiques sous l'original français

Swoje filozoficzne bzdury pisali pod francuskim oryginałem

Par exemple, sous la critique française des fonctions économiques de l'argent, ils ont écrit « L'aliénation de l'humanité »

Na przykład, pod francuską krytyką ekonomicznych funkcji pieniądza, napisali "Alienację ludzkości"

au-dessous de la critique française de l'État bourgeois, ils écrivaient « détrônement de la catégorie du général »

Pod francuską krytyką państwa burżuazyjnego pisali "detronizację kategorii generała"

L'introduction de ces phrases philosophiques à la fin des critiques historiques françaises qu'ils ont baptisées :

Wprowadzenie tych filozoficznych zwrotów na tyłach francuskiej krytyki historycznej nazwali następująco:

« Philosophie de l'action », « Vrai socialisme », « Science allemande du socialisme », « Fondement philosophique du socialisme », etc

"Filozofia działania", "Prawdziwy socjalizm", "Niemiecka nauka o socjalizmie", "Filozoficzne podstawy socjalizmu" i tak dalej

La littérature socialiste et communiste française est ainsi complètement émasculée

Francuska literatura socjalistyczna i komunistyczna została w ten sposób całkowicie wykastrowana

entre les mains des philosophes allemands, elle cessa d'exprimer la lutte d'une classe contre l'autre

w rękach filozofów niemieckich przestała wyrażać walkę jednej klasy z drugą

et c'est ainsi que les philosophes allemands se sentaient conscients d'avoir surmonté « l'unilatéralité française »

W ten sposób niemieccy filozofowie mieli świadomość, że przezwyciężyli "francuską jednostronność"

Il n'avait pas à représenter de vraies exigences, mais plutôt des exigences de vérité

Nie musiała ona reprezentować prawdziwych wymagań, ale raczej przedstawiała wymagania prawdy

il n'y avait pas d'intérêt pour le prolétariat, mais plutôt pour la nature humaine

Nie interesował się proletariatem, interesowała go raczej natura ludzka

l'intérêt était dans l'Homme en général, qui n'appartient à aucune classe et n'a pas de réalité

interesował się człowiekiem w ogóle, który nie należy do żadnej klasy i nie ma rzeczywistości

un homme qui n'existe que dans le royaume brumeux de la fantaisie philosophique

Człowiek, który istnieje tylko w mglistej krainie filozoficznej fantazji

mais finalement, ce socialisme allemand d'écolier perdit aussi son innocence pédante

ale w końcu ten uczeń niemieckiego socjalizmu również stracił swoją pedantyczną niewinność

la bourgeoisie allemande, et surtout la bourgeoisie prussienne, luttait contre l'aristocratie féodale

burżuazja niemiecka, a zwłaszcza burżuazja pruska walczyła z feudalną arystokracją

la monarchie absolue de l'Allemagne et de la Prusse était également combattue

Walka toczyła się również z monarchią absolutną Niemiec i Prus

Et à son tour, la littérature du mouvement libéral est également devenue plus sérieuse

Z kolei literatura ruchu liberalnego stała się bardziej poważna

**L'Allemagne a eu l'occasion longtemps souhaitée par le «
vrai » socialisme de se voir offrir**
Zaoferowano Niemcom długo upragnioną szansę na
"prawdziwy" socjalizm
**l'occasion de confronter le mouvement politique aux
revendications socialistes**
możliwość skonfrontowania ruchu politycznego z żądaniami
socjalistycznymi
**l'occasion de jeter les anathèmes traditionnels contre le
libéralisme**
Okazja do rzucenia tradycyjnych klątw na liberalizm
**l'occasion d'attaquer le gouvernement représentatif et la
concurrence bourgeoise**
okazja do zaatakowania rządu przedstawicielskiego i
burżuazyjnej konkurencji
**Liberté de la presse bourgeoise, législation bourgeoise,
liberté et égalité bourgeoise**
Burżuazyjna wolność prasy, burżuazyjne ustawodawstwo,
burżuazyjna wolność i równość
**Tout cela pourrait maintenant être critiqué dans le monde
réel, plutôt que dans la fantaisie**
Wszystko to można by teraz krytykować w świecie
rzeczywistym, a nie w fantazji
**L'aristocratie féodale et la monarchie absolue prêchaient
depuis longtemps aux masses**
Feudalna arystokracja i monarchia absolutna od dawna głosiły
kazania masom
« L'ouvrier n'a rien à perdre, et il a tout à gagner »
"Człowiek pracy nie ma nic do stracenia, a ma wszystko do
zyskania"
**le mouvement bourgeois offrait aussi une chance de se
confronter à ces platitudes**
Ruch burżuazyjny również dawał szansę skonfrontowania się
z tymi frazesami
**la critique française présupposait l'existence d'une société
bourgeoise moderne**

krytyka francuska zakładała istnienie nowoczesnego
społeczeństwa burżuazyjnego
**Conditions économiques d'existence de la bourgeoisie et
constitution politique de la bourgeoisie**
Burżuazyjne ekonomiczne warunki egzystencji i burżuazyjny
ustrój polityczny
**les choses mêmes dont la réalisation était l'objet de la lutte
imminente en Allemagne**
te same rzeczy, których osiągnięcie było przedmiotem toczącej
się walki w Niemczech
**L'écho stupide du socialisme en Allemagne a abandonné ces
objectifs juste à temps**
Głupie echo socjalizmu w Niemczech porzuciło te cele w samą
porę
**Les gouvernements absolus avaient leur suite de pasteurs,
de professeurs, d'écuyers de campagne et de fonctionnaires**
Rządy absolutne miały swoich zwolenników w postaci
proboszczów, profesorów, dziedziców i urzędników
**le gouvernement de l'époque a répondu aux soulèvements
de la classe ouvrière allemande par des coups de fouet et des
balles**
ówczesny rząd odpowiedział na niemieckie powstania
robotnicze chłostą i kulami
**pour eux, ce socialisme était un épouvantail bienvenu contre
la bourgeoisie menaçante**
Dla nich socjalizm ten był mile widzianym strachem na
wróble przed groźną burżuazją
**et le gouvernement allemand a pu offrir un dessert sucré
après les pilules amères qu'il a distribuées**
a rząd niemiecki był w stanie zaoferować słodki deser po
gorzkich pigułkach, które rozdał
**ce « vrai » socialisme servait donc aux gouvernements
d'arme pour combattre la bourgeoisie allemande**
ten "prawdziwy" socjalizm służył więc rządom jako oręż w
walce z burżuazją niemiecką

et, en même temps, il représentait directement un intérêt réactionnaire ; celle des Philistins allemands

a jednocześnie bezpośrednio reprezentował interes reakcyjny; Filistyni germańscy

En Allemagne, la petite bourgeoisie est la véritable base sociale de l'état de choses actuel

W Niemczech drobnomieszczaństwo jest rzeczywistą społeczną podstawą istniejącego stanu rzeczy

une relique du XVIe siècle qui n'a cessé de surgir sous diverses formes

relikt XVI wieku, który nieustannie pojawia się pod różnymi formami

Conserver cette classe, c'est préserver l'état de choses existant en Allemagne

Zachowanie tej klasy jest równoznaczne z zachowaniem istniejącego stanu rzeczy w Niemczech

La suprématie industrielle et politique de la bourgeoisie menace la petite bourgeoisie d'une destruction certaine

Przemysłowa i polityczna supremacja burżuazji grozi drobnomieszczaństwu pewną zagładą

d'une part, elle menace de détruire la petite bourgeoisie par la concentration du capital

z jednej strony grozi zniszczeniem drobnomieszczaństwa poprzez koncentrację kapitału

d'autre part, la bourgeoisie menace de la détruire par l'avènement d'un prolétariat révolutionnaire

z drugiej strony, burżuazja grozi jej zniszczeniem przez powstanie rewolucyjnego proletariatu

Le « vrai » socialisme semblait faire d'une pierre deux coups. Il s'est répandu comme une épidémie

"Prawdziwy" socjalizm zdawał się upiec te dwie pieczenie na jednym ogniu. Rozprzestrzeniał się jak epidemia

La robe de toiles d'araignées spéculatives, brodée de fleurs de rhétorique, trempée dans la rosée du sentiment maladif

Szata ze spekulatywnych pajęczyn, wyszywana kwiatami retoryki, przesiąknięta rosą chorobliwego sentymentu

cette robe transcendantale dans laquelle les socialistes allemands enveloppaient leurs tristes « vérités éternelles »

ta transcendentalna szata, w którą niemieccy socjaliści owinęli swoje żałosne "wieczne prawdy"

tout de peau et d'os, servaient à augmenter merveilleusement la vente de leurs marchandises auprès d'un public aussi

Cała skóra i kości, przyczyniły się do cudownego zwiększenia sprzedaży ich towarów wśród takiej publiczności

Et de son côté, le socialisme allemand reconnaissait de plus en plus sa propre vocation

Ze swej strony socjalizm niemiecki coraz bardziej uznawał swoje powołanie

on l'appelait à être le représentant grandiloquent de la petite-bourgeoisie philistine

Nazywano go bombastycznym przedstawicielem drobnomieszczańskiego filistra

Il proclamait que la nation allemande était la nation modèle, et le petit philistin allemand l'homme modèle

Głosiła, że naród niemiecki jest narodem wzorcowym, a niemiecki drobny filister wzorem człowieka

À chaque méchanceté de cet homme modèle, elle donnait une interprétation socialiste cachée, plus élevée

Każdej nikczemnej podłości tego wzorowego człowieka dawało to ukrytą, wyższą, socjalistyczną interpretację

cette interprétation socialiste supérieure était l'exact contraire de son caractère réel

ta wyższa, socjalistyczna interpretacja była dokładnym przeciwieństwem jej rzeczywistego charakteru

Il est allé jusqu'à s'opposer directement à la tendance « brutalement destructrice » du communisme

Posunął się do skrajności, bezpośrednio sprzeciwiając się "brutalnie destrukcyjnej" tendencji komunizmu

et il proclamait son mépris suprême et impartial de toutes les luttes de classes

i głosiła swą najwyższą i bezstronną pogardę dla wszelkich walk klasowych

À de très rares exceptions près, toutes les publications dites socialistes et communistes qui circulent aujourd'hui (1847) en Allemagne appartiennent au domaine de cette littérature nauséabonde et énervante

Z bardzo nielicznymi wyjątkami, wszystkie tak zwane socjalistyczne i komunistyczne publikacje, które obecnie (1847) krążą w Niemczech, należą do domeny tej plugawej i wyniszczającej literatury

2) Le socialisme conservateur ou le socialisme bourgeois
2) Socjalizm konserwatywny lub socjalizm burżuazyjny

Une partie de la bourgeoisie est désireuse de redresser les griefs sociaux
Część burżuazji pragnie zadośćuczynić krzywdom społecznym
afin d'assurer la pérennité de la société bourgeoise
w celu zapewnienia dalszego istnienia społeczeństwa burżuazyjnego
C'est à cette section qu'appartiennent les économistes, les philanthropes, les humanitaires
Do tej sekcji należą ekonomiści, filantropi, działacze humanitarni
améliorateurs de la condition de la classe ouvrière et organisateurs de la charité
polepszający sytuację klasy robotniczej i organizatorzy dobroczynności
membres des sociétés de prévention de la cruauté envers les animaux
członkowie stowarzyszeń na rzecz zapobiegania okrucieństwu wobec zwierząt
fanatiques de la tempérance, réformateurs de toutes sortes imaginables
fanatycy wstrzemięźliwości, reformatorzy wszelkiego rodzaju
Cette forme de socialisme a, d'ailleurs, été élaborée en systèmes complets
Co więcej, ta forma socjalizmu została wypracowana w kompletne systemy
On peut citer la « Philosophie de la Misère » de Proudhon comme exemple de cette forme
Jako przykład tej formy możemy przytoczyć "Philosophie de la Misère" Proudhona
La bourgeoisie socialiste veut tous les avantages des conditions sociales modernes

Burżuazja socjalistyczna chce wszystkich dobrodziejstw
nowoczesnych stosunków społecznych
mais la bourgeoisie socialiste ne veut pas nécessairement
des luttes et des dangers qui en résultent
ale socjalistyczna burżuazja niekoniecznie chce wynikających
z tego walk i niebezpieczeństw
Ils désirent l'état actuel de la société, sans ses éléments
révolutionnaires et désintégrateurs
Pragną istniejącego stanu społeczeństwa, bez jego
rewolucyjnych i rozpadających się elementów
c'est-à-dire qu'ils veulent une bourgeoisie sans prolétariat
innymi słowy, pragną burżuazji bez proletariatu
La bourgeoisie conçoit naturellement le monde dans lequel
elle est souveraine d'être la meilleure
Burżuazja w naturalny sposób pojmuje świat, w którym
najwyższą rzeczą jest być najlepszą
et le socialisme bourgeois développe cette conception
confortable en divers systèmes plus ou moins complets
Socjalizm burżuazyjny rozwija tę wygodną koncepcję w różne
mniej lub bardziej kompletne systemy
ils voudraient beaucoup que le prolétariat marche droit dans
la Nouvelle Jérusalem sociale
bardzo chcieliby, aby proletariat wkroczył prosto do
społecznego Nowego Jeruzalem
Mais en réalité, elle exige du prolétariat qu'il reste dans les
limites de la société existante
W rzeczywistości jednak wymaga ona od proletariatu
pozostawania w granicach istniejącego społeczeństwa
ils demandent au prolétariat de se débarrasser de toutes ses
idées haineuses sur la bourgeoisie
żądają od proletariatu, aby odrzucił wszystkie swoje
nienawistne idee dotyczące burżuazji
il y a une seconde forme plus pratique, mais moins
systématique, de ce socialisme
istnieje druga, bardziej praktyczna, ale mniej systematyczna
forma tego socjalizmu

Cette forme de socialisme cherchait à déprécier tout mouvement révolutionnaire aux yeux de la classe ouvrière

Ta forma socjalizmu dążyła do zdeprecjonowania każdego ruchu rewolucyjnego w oczach klasy robotniczej

Ils soutiennent qu'aucune simple réforme politique ne pourrait leur être d'un quelconque avantage

Twierdzą oni, że żadna zwykła reforma polityczna nie może być dla nich korzystna

Seul un changement dans les conditions matérielles d'existence dans les relations économiques est bénéfique

Tylko zmiana materialnych warunków egzystencji w stosunkach ekonomicznych jest korzystna

Comme le communisme, cette forme de socialisme prône un changement des conditions matérielles d'existence

Podobnie jak komunizm, ta forma socjalizmu opowiada się za zmianą materialnych warunków egzystencji

Cependant, cette forme de socialisme ne suggère nullement l'abolition des rapports de production bourgeois

Ta forma socjalizmu nie oznacza jednak bynajmniej zniesienia burżuazyjnych stosunków produkcji

l'abolition des rapports de production bourgeois ne peut se faire que par la révolution

zniesienie burżuazyjnych stosunków produkcji może być osiągnięte tylko przez rewolucję

Mais au lieu d'une révolution, cette forme de socialisme suggère des réformes administratives

Ale zamiast rewolucji, ta forma socjalizmu sugeruje reformy administracyjne

et ces réformes administratives seraient fondées sur la pérennité de ces relations

A te reformy administracyjne opierałyby się na dalszym istnieniu tych stosunków

réformes qui n'affectent en rien les rapports entre le capital et le travail

reformy, które w żaden sposób nie wpływają na stosunki między kapitałem a pracą,

au mieux, de telles réformes réduisent le coût et simplifient le travail administratif du gouvernement bourgeois

w najlepszym razie takie reformy zmniejszają koszty i upraszczają pracę administracyjną rządu burżuazyjnego

Le socialisme bourgeois atteint une expression adéquate lorsque, et seulement lorsque, il devient une simple figure de style

Socjalizm burżuazyjny osiąga adekwatny wyraz wtedy i tylko wtedy, gdy staje się zwykłą figurą retoryczną

Le libre-échange : au profit de la classe ouvrière

Wolny handel: z korzyścią dla klasy robotniczej

Les devoirs protecteurs : au profit de la classe ouvrière

Obowiązki ochronne: na rzecz klasy robotniczej

Réforme pénitentiaire : au profit de la classe ouvrière

Reforma więziennictwa: z korzyścią dla klasy robotniczej

C'est le dernier mot et le seul mot sérieux du socialisme bourgeois

Jest to ostatnie słowo i jedyne poważnie rozumiane słowo burżuazyjnego socjalizmu

Elle se résume dans la phrase : la bourgeoisie est une bourgeoisie au profit de la classe ouvrière

Streszcza się to w zdaniu: burżuazja jest burżuazją dla dobra klasy robotniczej

3) Socialisme et communisme utopiques critiques
3) Socjalizm krytyczno-utopijny i komunizm

Nous ne nous référons pas ici à la littérature qui a toujours donné la parole aux revendications du prolétariat
Nie odwołujemy się tu do tej literatury, która zawsze wyrażała żądania proletariatu

cela a été présent dans toutes les grandes révolutions modernes, comme les écrits de Babeuf et d'autres
było to obecne w każdej wielkiej rewolucji nowożytnej, takiej jak pisma Babeufa i innych

Les premières tentatives directes du prolétariat pour parvenir à ses propres fins échouèrent nécessairement
Pierwsze bezpośrednie próby proletariatu osiągnięcia własnych celów z konieczności zakończyły się niepowodzeniem

Ces tentatives ont été faites dans des temps d'effervescence universelle, lorsque la société féodale était renversée
Próby te podejmowano w czasach powszechnego podniecenia, kiedy obalano społeczeństwo feudalne

L'état alors peu développé du prolétariat a conduit à l'échec de ces tentatives
Nierozwinięty wówczas stan proletariatu doprowadził do niepowodzenia tych prób

et ils ont échoué en raison de l'absence des conditions économiques pour son émancipation
i nie powiodły się z powodu braku ekonomicznych warunków do jego emancypacji

conditions qui n'avaient pas encore été produites, et qui ne pouvaient être produites que par l'époque de la bourgeoisie
warunki, które jeszcze nie zostały wytworzone, a które mogły być wytworzone przez samą nadchodzącą epokę burżuazji

La littérature révolutionnaire qui accompagnait ces premiers mouvements du prolétariat avait nécessairement un caractère réactionnaire

Literatura rewolucyjna, która towarzyszyła tym pierwszym
ruchom proletariatu, miała z konieczności charakter reakcyjny

**Cette littérature inculquait l'ascétisme universel et le
nivellement social dans sa forme la plus grossière**

Literatura ta wpajała powszechną ascezę i społeczne
wyrównywanie w jego najbardziej prymitywnej formie

**Les systèmes socialistes et communistes, proprement dits,
naissent au début de la période sous-développée**

Systemy socjalistyczny i komunistyczny, tak zwane, powstały
we wczesnym, nierozwiniętym okresie

**Saint-Simon, Fourier, Owen et d'autres, ont décrit la lutte
entre le prolétariat et la bourgeoisie (voir section 1)**

Saint-Simon, Fourier, Owen i inni, opisywali walkę między
proletariatem a burżuazją (patrz rozdział 1)

**Les fondateurs de ces systèmes voient, en effet, les
antagonismes de classe**

Założyciele tych systemów widzą w istocie przeciwieństwa
klasowe

**Ils voient aussi l'action des éléments en décomposition, dans
la forme dominante de la société**

Widzą też działanie rozkładających się elementów w panującej
formie społeczeństwa

**Mais le prolétariat, encore à ses débuts, leur offre le
spectacle d'une classe sans aucune initiative historique**

Ale proletariat, jeszcze w powijakach, oferuje im widowisko
klasy pozbawionej żadnej inicjatywy historycznej

**Ils voient le spectacle d'une classe sociale sans aucun
mouvement politique indépendant**

Widzą spektakl klasy społecznej bez żadnego niezależnego
ruchu politycznego

**Le développement de l'antagonisme de classe va de pair
avec le développement de l'industrie**

Rozwój przeciwieństw klasowych dotrzymuje kroku
rozwojowi przemysłu

**La situation économique ne leur offre donc pas encore les
conditions matérielles de l'émancipation du prolétariat**

Tak więc sytuacja ekonomiczna nie stwarza im jeszcze
materialnych warunków do wyzwolenia proletariatu
**Ils cherchent donc une nouvelle science sociale, de nouvelles
lois sociales, qui doivent créer ces conditions**
Poszukują więc nowej nauki społecznej, nowych praw
społecznych, które stworzą te warunki
**l'action historique, c'est céder à leur action inventive
personnelle**
Działanie historyczne polega na ustąpieniu miejsca ich
osobistemu działaniu wynalazczemu
**Les conditions d'émancipation créées historiquement
doivent céder la place à des conditions fantastiques**
historycznie stworzone warunki emancypacji mają ustąpić
miejsca fantastycznym warunkom
**et l'organisation de classe graduelle et spontanée du
prolétariat doit céder la place à l'organisation de la société**
Stopniowa, spontaniczna organizacja klasowa proletariatu ma
ustąpić miejsca organizacji społeczeństwa
**l'organisation de la société spécialement conçue par ces
inventeurs**
organizacja społeczeństwa specjalnie wymyślona przez tych
wynalazców
**L'histoire future se résout, à leurs yeux, dans la propagande
et l'exécution pratique de leurs projets sociaux**
Przyszła historia sprowadza się w ich oczach do propagandy i
praktycznej realizacji ich planów społecznych
**Dans l'élaboration de leurs plans, ils ont conscience de
s'occuper avant tout des intérêts de la classe ouvrière**
Tworząc swoje plany, są świadomi tego, że troszczą się przede
wszystkim o interesy klasy robotniczej
**Ce n'est que du point de vue d'être la classe la plus
souffrante que le prolétariat existe pour eux**
Proletariat istnieje dla nich tylko z punktu widzenia bycia
klasą najbardziej cierpiącą
**L'état sous-développé de la lutte des classes et leur propre
environnement informent leurs opinions**

Nierozwinięty stan walki klasowej i ich własne otoczenie
kształtują ich opinie

**Les socialistes de ce genre se considèrent comme bien
supérieurs à tous les antagonismes de classe**

Socjaliści tego rodzaju uważają się za znacznie lepszych od
wszelkich przeciwieństw klasowych

**Ils veulent améliorer la condition de tous les membres de la
société, même celle des plus favorisés**

Chcą poprawić sytuację każdego członka społeczeństwa,
nawet najbardziej uprzywilejowanego

**Par conséquent, ils s'adressent habituellement à la société
dans son ensemble, sans distinction de classe**

Stąd też zwykle przemawiają do ogółu społeczeństwa, bez
różnicy klasowej

**Bien plus, ils font appel à la société dans son ensemble de
préférence à la classe dirigeante**

Co więcej, odwołują się do ogółu społeczeństwa, preferując
klasę rządzącą

**Pour eux, tout ce qu'il faut, c'est que les autres comprennent
leur système**

Dla nich wszystko, czego potrzeba, to aby inni zrozumieli ich
system

**Car comment les gens peuvent-ils ne pas voir que le
meilleur plan possible est le meilleur état possible de la
société ?**

Bo jak ludzie mogą nie widzieć, że najlepszym możliwym
planem jest jak najlepszy stan społeczeństwa?

**C'est pourquoi ils rejettent toute action politique, et surtout
toute action révolutionnaire**

Dlatego odrzucają wszelkie działania polityczne, a zwłaszcza
rewolucyjne

ils veulent arriver à leurs fins par des moyens pacifiques

pragną osiągnąć swoje cele środkami pokojowymi

**ils s'efforcent, par de petites expériences, qui sont
nécessairement vouées à l'échec**

Usiłują to za pomocą małych eksperymentów, które z
konieczności są skazane na niepowodzenie

**et par la force de l'exemple, ils essaient d'ouvrir la voie au
nouvel Évangile social**

i mocą przykładu starają się utorować drogę nowej Ewangelii
społecznej

**De tels tableaux fantastiques de la société future, peints à
une époque où le prolétariat est encore dans un état très
sous-développé**

Takie fantastyczne obrazy przyszłego społeczeństwa,
malowane w czasie, gdy proletariat znajduje się jeszcze w
bardzo nierozwiniętym stanie

**et il n'a encore qu'une conception fantasmatique de sa
propre position**

i wciąż ma tylko fantastyczne pojęcie o swoim położeniu

**Mais leurs premières aspirations instinctives correspondent
aux aspirations du prolétariat**

ale ich pierwsze instynktowne tęsknoty odpowiadają
tęsknocie proletariatu

**L'un et l'autre aspirent à une reconstruction générale de la
société**

Jedni i drudzy pragną ogólnej przebudowy społeczeństwa

**Mais ces publications socialistes et communistes
contiennent aussi un élément critique**

Ale te socjalistyczne i komunistyczne publikacje zawierają
również element krytyczny

Ils s'attaquent à tous les principes de la société existante

Atakują każdą zasadę istniejącego społeczeństwa

**C'est pourquoi ils sont remplis des matériaux les plus
précieux pour l'illumination de la classe ouvrière**

Stąd są one pełne najcenniejszych materiałów dla oświecenia
klasy robotniczej

**Ils proposent l'abolition de la distinction entre la ville et la
campagne, et la famille**

Proponują zniesienie rozróżnienia między miastem a wsią i
rodziną

la suppression de l'exercice de l'industrie pour le compte des particuliers

zniesienie prowadzenia działalności gospodarczej na rachunek osób prywatnych

et l'abolition du salariat et la proclamation de l'harmonie sociale

zniesienie systemu płac i proklamowanie harmonii społecznej

la transformation des fonctions de l'État en une simple surveillance de la production

przekształcenie funkcji państwa w zwykły nadzór nad produkcją

Toutes ces propositions ne pointent que vers la disparition des antagonismes de classe

Wszystkie te propozycje wskazują jedynie na zanik przeciwieństw klasowych

Les antagonismes de classe ne faisaient alors que surgir

Antagonizmy klasowe dopiero się wówczas pojawiały

Dans ces publications, ces antagonismes de classe ne sont reconnus que dans leurs formes les plus anciennes, indistinctes et indéfinies

W publikacjach tych przeciwieństwa klasowe są rozpoznawane tylko w ich najwcześniejszych, niewyraźnych i nieokreślonych formach

Ces propositions ont donc un caractère purement utopique

Propozycje te mają więc charakter czysto utopijny

La signification du socialisme et du communisme critiques-utopiques est en relation inverse avec le développement historique

Znaczenie krytyczno-utopijnego socjalizmu i komunizmu pozostaje w odwrotnym stosunku do rozwoju historycznego

La lutte de classe moderne se développera et continuera à prendre une forme définitive

Współczesna walka klasowa będzie się rozwijać i nadal przybierać określony kształt

Cette réputation fantastique du concours perdra toute valeur pratique

Ta fantastyczna pozycja z konkursu straci wszelką wartość
praktyczną

**Ces attaques fantastiques contre les antagonismes de classe
perdront toute justification théorique**

Te fantastyczne ataki na antagonizmy klasowe stracą wszelkie
teoretyczne uzasadnienie

**Les initiateurs de ces systèmes étaient, à bien des égards,
révolutionnaires**

Pomysłodawcy tych systemów byli pod wieloma względami
rewolucyjni

**Mais leurs disciples n'ont, dans tous les cas, formé que des
sectes réactionnaires**

Ale ich uczniowie w każdym przypadku tworzyli jedynie
reakcyjne sekty

**Ils s'en tiennent fermement aux vues originales de leurs
maîtres**

Trzymają się mocno oryginalnych poglądów swoich mistrzów

**Mais ces vues s'opposent au développement historique
progressif du prolétariat**

Poglądy te stoją jednak w opozycji do postępującego rozwoju
historycznego proletariatu

**Ils s'efforcent donc, et cela constamment, d'étouffer la lutte
des classes**

Usiłują więc, i to konsekwentnie, zagłuszyć walkę klasową

**et ils s'efforcent constamment de concilier les antagonismes
de classe**

i konsekwentnie dążą do pogodzenia przeciwieństw
klasowych

**Ils rêvent encore de la réalisation expérimentale de leurs
utopies sociales**

Wciąż marzą o eksperymentalnej realizacji swoich
społecznych utopii

**ils rêvent encore de fonder des « phalanstères » isolés et
d'établir des « colonies d'origine »**

wciąż marzą o założeniu odizolowanych "falansterów" i
założeniu "kolonii domowych"

ils rêvent de mettre en place une « Petite Icarie » – éditions duodecimo de la Nouvelle Jérusalem

marzą o założeniu "Małej Ikarii" – duodecimo wydań Nowego Jeruzalem

Et ils rêvent de réaliser tous ces châteaux dans les airs

i marzą o tym, by zrealizować wszystkie te zamki w powietrzu

Ils sont obligés de faire appel aux sentiments et aux bourses des bourgeois

Są zmuszeni odwoływać się do uczuć i portfeli burżuazji

Peu à peu, ils s'enfoncent dans la catégorie des socialistes conservateurs réactionnaires décrits ci-dessus

Stopniowo pogrążają się oni w kategorii reakcyjnych konserwatywnych socjalistów przedstawionych powyżej

ils ne diffèrent de ceux-ci que par une pédanterie plus systématique

Różnią się od nich jedynie bardziej systematyczną pedanterią

et ils diffèrent par leur croyance fanatique et superstitieuse aux effets miraculeux de leur science sociale

Różnią się fanatyczną i zabobonną wiarą w cudowne działanie nauk społecznych

Ils s'opposent donc violemment à toute action politique de la part de la classe ouvrière

Dlatego gwałtownie sprzeciwiają się wszelkim działaniom politycznym ze strony klasy robotniczej

une telle action, selon eux, ne peut résulter que d'une incrédulité aveugle dans le nouvel Évangile

takie działanie, według nich, może wynikać jedynie ze ślepej niewiary w nową Ewangelię

Les owénistes en Angleterre et les fouriéristes en France s'opposent respectivement aux chartistes et aux réformistes

Owenici w Anglii i fourieryści we Francji przeciwstawiają się czartystom i "réformistes"

Position des communistes par rapport aux divers partis d'opposition existants
Stanowisko komunistów wobec różnych istniejących partii opozycyjnych

La section II a mis en évidence les relations des communistes avec les partis ouvriers existants
Rozdział II jasno określił stosunek komunistów do istniejących partii robotniczych
comme les chartistes en Angleterre et les réformateurs agraires en Amérique
takich jak czartyści w Anglii i reformatorzy rolni w Ameryce
Les communistes luttent pour la réalisation des objectifs immédiats
Komuniści walczą o osiągnięcie doraźnych celów
Ils luttent pour l'application des intérêts momentanés de la classe ouvrière
Walczą o egzekwowanie chwilowych interesów klasy robotniczej
Mais dans le mouvement politique d'aujourd'hui, ils représentent et s'occupent aussi de l'avenir de ce mouvement
Ale w obecnym ruchu politycznym reprezentują i troszczą się o przyszłość tego ruchu
En France, les communistes s'allient avec les social-démocrates
We Francji komuniści sprzymierzyli się z socjaldemokratami
et ils se positionnent contre la bourgeoisie conservatrice et radicale
i przeciwstawiają się konserwatywnej i radykalnej burżuazji
cependant, ils se réservent le droit d'adopter une position critique à l'égard des phrases et des illusions traditionnellement héritées de la grande Révolution
Zastrzegają sobie jednak prawo do zajęcia krytycznego stanowiska wobec frazesów i złudzeń tradycyjnie przekazywanych przez wielką rewolucję

En Suisse, ils soutiennent les radicaux, sans perdre de vue que ce parti est composé d'éléments antagonistes

W Szwajcarii popierają radykałów, nie tracąc z oczu faktu, że partia ta składa się z elementów antagonistycznych

en partie des socialistes démocrates, au sens français du terme, en partie de la bourgeoisie radicale

częściowo demokratycznych socjalistów w sensie francuskim, częściowo radykalnej burżuazji

En Pologne, ils soutiennent le parti qui insiste sur la révolution agraire comme condition première de l'émancipation nationale

W Polsce popierają partię, która upiera się przy rewolucji agrarnej jako podstawowym warunku narodowej emancypacji

ce parti qui fomenta l'insurrection de Cracovie en 1846

stronnictwo, które wznieciło powstanie krakowskie w 1846 r.

En Allemagne, ils luttent avec la bourgeoisie chaque fois qu'elle agit de manière révolutionnaire

W Niemczech walczą z burżuazją, ilekroć działa ona w sposób rewolucyjny

contre la monarchie absolue, l'escroc féodal et la petite bourgeoisie

przeciwko monarchii absolutnej, feudalnej giermku i drobnomieszczaństwu

Mais ils ne cessent jamais, un seul instant, inculquer à la classe ouvrière une idée particulière

Ale nigdy nie przestają ani na chwilę zaszczepiać w klasie robotniczej jednej szczególnej idei

la reconnaissance la plus claire possible de l'antagonisme hostile entre la bourgeoisie et le prolétariat

jak najwyraźniejsze uznanie wrogiego antagonizmu między burżuazją a proletariatem

afin que les ouvriers allemands puissent immédiatement utiliser les armes dont ils disposent

aby robotnicy niemieccy mogli od razu użyć broni, którą dysponują,

les conditions sociales et politiques que la bourgeoisie doit
nécessairement introduire en même temps que sa
suprématie
warunki społeczne i polityczne, które burżuazja musi
koniecznie wprowadzić wraz ze swoją supremacją
la chute des classes réactionnaires en Allemagne est
inévitable
upadek klas reakcyjnych w Niemczech jest nieunikniony
et alors la lutte contre la bourgeoisie elle-même peut
commencer immédiatement
i wtedy walka z samą burżuazją może się natychmiast
rozpocząć
Les communistes tournent leur attention principalement
vers l'Allemagne, parce que ce pays est à la veille d'une
révolution bourgeoise
Komuniści zwracają uwagę głównie na Niemcy, ponieważ
kraj ten znajduje się w przededniu rewolucji burżuazyjnej
une révolution qui ne manquera pas de s'accomplir dans des
conditions plus avancées de la civilisation européenne
rewolucja, która z pewnością zostanie przeprowadzona w
bardziej zaawansowanych warunkach cywilizacji europejskiej
Et elle ne manquera pas de se faire avec un prolétariat
beaucoup plus développé
i musi być przeprowadzona z dużo bardziej rozwiniętym
proletariatem
un prolétariat plus avancé que celui de l'Angleterre au XVIIe
siècle, et celui de la France au XVIIIe siècle
proletariat bardziej zaawansowany niż Anglia w XVII wieku,
a Francja w XVIII wieku
et parce que la révolution bourgeoise en Allemagne ne sera
que le prélude d'une révolution prolétarienne qui suivra
immédiatement
i dlatego, że rewolucja burżuazyjna w Niemczech będzie tylko
preludium do następującej bezpośrednio po niej rewolucji
proletariackiej

Bref, partout les communistes soutiennent tout mouvement révolutionnaire contre l'ordre social et politique existant

Krótko mówiąc, komuniści wszędzie popierają każdy ruch rewolucyjny przeciwko istniejącemu społecznemu i politycznemu porządkowi rzeczy

Dans tous ces mouvements, ils mettent au premier plan, comme la question maîtresse de chacun d'eux, la question de la propriété

We wszystkich tych ruchach wysuwają na pierwszy plan, jako pytanie wiodące w każdym z nich, kwestię własności

quel que soit son degré de développement dans ce pays à ce moment-là

bez względu na to, jaki jest stopień jego rozwoju w danym kraju w danym momencie

Enfin, ils œuvrent partout pour l'union et l'accord des partis démocratiques de tous les pays

Wreszcie, wszędzie pracują na rzecz unii i porozumienia partii demokratycznych wszystkich krajów

Les communistes dédaignent de dissimuler leurs vues et leurs objectifs

Komuniści gardzą ukrywaniem swoich poglądów i celów

Ils déclarent ouvertement que leurs fins ne peuvent être atteintes que par le renversement par la force de toutes les conditions sociales existantes

Otwarcie oświadczają, że ich cele mogą być osiągnięte jedynie przez obalenie przemocą wszystkich istniejących stosunków społecznych

Que les classes dirigeantes tremblent devant une révolution communiste

Niech klasy panujące drżą przed rewolucją komunistyczną

Les prolétaires n'ont rien d'autre à perdre que leurs chaînes

Proletariusze nie mają nic do stracenia poza swoimi łańcuchami

Ils ont un monde à gagner

Mają świat do wygrania

TRAVAILLEURS DE TOUS LES PAYS, UNISSEZ-VOUS !
ROBOTNICY WSZYSTKICH KRAJÓW, ŁĄCZCIE SIĘ!

www.ingramcontent.com/pod-product-compliance
Lightning Source LLC
Chambersburg PA
CBHW011738020426
42333CB00024B/2942

* 9 7 8 1 8 0 5 7 2 3 7 3 8 *